How to 新HSK 모의고사 문제집

How to 新HSK 모의고사 문제집 1·2급

지은이 한국중국어교육개발원
펴낸이 임상진
펴낸곳 (주)넥서스

초판 1쇄 발행 2010년 7월 15일
초판 19쇄 발행 2019년 3월 13일

출판신고 1992년 4월 3일 제311-2002-2호
10880 경기도 파주시 지목로 5
Tel (02)330-5500 Fax (02)330-5555

ISBN 978-89-5795-184-2 18720
      978-89-5795-183-5 (세트)

저자와 출판사의 허락 없이 내용의 일부를 인용하거나
발췌하는 것을 금합니다.
저자와의 협의에 따라서 인지는 붙이지 않습니다.

가격은 뒤표지에 있습니다.
잘못 만들어진 책은 구입처에서 바꾸어 드립니다.

www.nexusbook.com

How to
新 HSK
모의고사 문제집

한국중국어교육개발원 지음

1/2급

넥서스CHINESE

序言

这套《How to 新HSK模拟考试》是为想通过中国新汉语水平考试一级到六级的外国学习者编写的辅导材料。它可以用作考前辅导班培训教材，也可作自测用书。

本套书以中华人民共和国国家汉办制定的《新汉语水平考试大纲》为依据，在模拟《新汉语水平考试样卷》的基础上写成的。本套书分为《六级试题集》、《六级解说集》、《五级试题集》、《五级解说集》、《四级试题集》、《四级解说集》、《三级试题集》、《三级解说集》、《一、二级试题集》、《一、二级解说集》共十册，是迄今为止最新最全的新HSK试题集和解说集。

《六级试题集》、《五级试题集》、《四级试题集》、《三级试题集》各由五套模拟题组成。《一、二级试题集》由一级四套题和二级四套题组成。每套题又包含三部分内容：试题（听力、阅读、书写）、参考答案及听力文本。《六级解说集》、《五级解说集》、《四级解说集》、《三级解说集》、《一、二级解说集》包含试题翻译和答案说明。

试题在词汇的选择上紧紧围绕着新考试词汇大纲，旨在帮助考生扩大词汇量、掌握新HSK相关词汇，为考生扫清词汇上的障碍。本书的语法点是参照样题及真题的语法项目进行设计的，突出考试重点。听力材料丰富、话题新颖、贴近生活，是当下人们感兴趣的话题，也是新汉语水平考试极易选择的话题。阅读部分的模拟题相对听力要难一些，这正是阅读题的特点，考生不要畏惧，只要坚持，必有成效。总体说来，这套《How to 新HSK模拟考试》，难度适宜、题量适中、取材广泛、内容丰富、体裁多样、测试点明确、覆盖面广。解说集的试题翻译和答案说明也很有实用价值。说明的内容具体周到，说明用语浅显易懂，易于理解。

该套书每个主编都具有多年的对外汉语教学经验，熟悉汉语水平考试的内容，主编过多部汉语水平考试著作。相信这本书一定能为您顺利通过各级考试助一臂之力！

作者

머리말

〈How to 新HSK 모의고사 문제집 1·2급〉은 넥서스의 〈How to 新HSK 모의고사〉 시리즈 중 하나로, 新HSK 1급과 2급 시험에 합격하고자 하는 모든 수험생들을 위해 쓰여졌습니다. 〈How to 新HSK 모의고사〉 시리즈는 그동안 北京语言大学出版社를 통하여 HSK 관련 베스트셀러를 집필해 온 董萃, 王素梅 교수와 지난 5년간 삼성인력개발원에서 중국어 교육, 집필 및 평가 활동을 해온 杨捷 교수를 비롯한 중국 현지 집필진과 한국중국어교육개발원을 중심으로 한 수십 명의 연구진이 동원된 땀의 결정체입니다.

〈How to 新HSK 모의고사 문제집 1·2급〉은 中国国家汉办이 제정한 〈新汉语水平考试大纲〉을 충실히 따르고, 2010년부터 새롭게 바뀌어 실시되는 新HSK 시험을 철저히 분석하여 집필되었습니다. 매주 2~3시간씩 6개월이나 1년 정도의 중국어를 학습하고 약 150~300개의 어휘 및 관련 문법 지식을 소유한 자를 대상으로 하는 新HSK 1급과 2급 시험을 대비함에 있어서 부족함이 없도록 최선을 다했습니다.

이 교재에는 다양한 분야의 화제를 중심으로 1급과 2급 각각 4회 분량의 문제가 실려 있어, 학습자가 시험을 준비하고 최종 마무리하는 단계에서 듣기, 독해 등의 두 가지 평가 영역을 충분히 점검하고 준비할 수 있습니다.

미래는 항상 준비하는 자의 것입니다. 저희들의 정성이 여러분의 내일을 위한 작은 도구가 된다면 더 바랄 나위가 없겠습니다.

지은이

차례

머리말	4
차례	6
新HSK란?	7
新HSK 1급에 대해서	9
1급 모의고사 1회	19
1급 모의고사 2회	29
1급 모의고사 3회	39
1급 모의고사 4회	49
1급 답안·듣기 대본	59
1급 답안지	81
新HSK 2급에 대해서	89
2급 모의고사 1회	99
2급 모의고사 2회	113
2급 모의고사 3회	127
2급 모의고사 4회	141
2급 답안·듣기 대본	155
2급 답안지	193

新HSK란?

시험 원칙
- 新HSK는 '시험과 교육의 연계'라는 원칙하에, 시험 기획과 현 세계 중국어 교육 현황 및 교재 사용을 연계한다. 목적은 '시험을 통한 교육의 촉진', '시험을 통한 학습의 촉진'이다.
- 新HSK는 평가의 객관성, 정확성을 바탕으로 응시자의 중국어 활용 능력 향상을 중시한다.
- 新HSK는 명확한 시험 목표를 제정하여, 응시자의 중국어 활용 능력을 계획적, 효과적으로 향상시킨다.

시험 구성
- 新HSK는 필기 시험과 회화 시험으로 나뉘며, 필기 시험과 회화 시험은 상호 독립적인 시험이다.
- 필기 시험은 HSK 1급, HSK 2급, HSK 3급, HSK 4급, HSK 5급, HSK 6급이며, 응시자의 중국어 능력 수준에 따라 등급을 선택하여 응시할 수 있다.

笔试	口试
HSK 6级	HSK 高级
HSK 5级	
HSK 4级	HSK 中级
HSK 3级	
HSK 2级	HSK 初级
HSK 1级	

시험 등급별 어휘량 및 수준

新HSK의 각 등급별 어휘량은 〈국제중국어능력기준〉과 〈유럽공통언어참조프레임(CEF)〉에 대응하는 수준으로, 보다 실질적인 최신의 어휘 사용에 중점을 두고 있다.

新HSK	어휘량	수준
HSK 6급 〈기존 고등HSK에 해당〉	5,000개 이상	중국어 정보를 쉽게 알아듣고 읽을 수 있으며, 중국어로 구두 또는 서면의 형식으로 유창하고 적절하게 자신의 견해를 표현할 수 있다.
HSK 5급 〈기존 초중등HSK에 해당〉	2,500개	중국어 신문과 잡지를 읽을 수 있고, 중국어 영화 또는 TV프로그램을 감상할 수 있다. 또한 중국어로 비교적 완전한 연설을 할 수 있다.
HSK 4급 〈기존 기초HSK에 해당〉	1,200개	광범위한 분야의 화제에 대해 중국어로 토론을 할 수 있으며, 비교적 유창하게 원어민과 대화하고 교류할 수 있다.
HSK 3급	600개	중국어로 일상생활, 학습, 업무 등 각 분야의 상황에서 기본적인 회화를 진행할 수 있다. 또한 중국 여행 시 겪게 되는 대부분의 상황들을 중국어로 대응할 수 있는 수준에 해당한다.
HSK 2급	300개	중국어로 간단하게 일상생활에서 일어나는 화제에 대해 이야기할 수 있으며, 초급 중국어의 상위 수준이라 할 수 있다.
HSK 1급	150개	매우 간단한 중국어 단어와 문장을 이해하고 사용할 수 있으며, 기초적인 일상회화를 진행할 수 있다. 또한 다음 단계의 중국어 학습 능력을 갖추고 있다고 판단할 수 있다.

시험 용도
- 중국 대학(원) 입학·졸업 시 평가 기준
- 한국 대학(원) 입학·졸업 시 평가 기준
- 중국 정부 장학생 선발 기준
- 한국 특목고 입학 시 평가 기준
- 교양 중국어 학력 평가 기준
- 각급 업체 및 기관의 채용·승진을 위한 기준

시험 성적
- 시험일로부터 1개월 후 : 중국 고시센터 홈페이지에서 응시자 개별 성적 조회 가능
- 시험일로부터 40일경 : 개인 성적표 발송
    • 우편 수령 신청자의 경우, 등기 발송
    • 방문 수령 신청자의 경우, HSK한국사무국 방문 후 수령
- HSK성적은 시험일로부터 2년간 유효함

新HSK 1급에 대해서

응시 대상
HSK 1급은 매주 2~3시간씩 1학기(40~60시간) 정도의 중국어를 학습하고, 150개의 상용 어휘와 관련 어법 지식을 마스터한 학습자를 대상으로 한다.

시험 내용
HSK 1급은 총 40문제로 듣기/독해 두 영역으로 나뉜다.

시험 내용		문항 수		시험 시간(분)
一、听力 (듣기)	第一部分	5	20문항	약 15분
	第二部分	5		
	第三部分	5		
	第四部分	5		
二、阅读 (독해)	第一部分	5	20문항	15분
	第二部分	5		
	第三部分	5		
	第四部分	5		
填写答题卡 (답안지 작성)				5분
총 계	/	40문항		약 35분

*총 시험 시간은 약 40분이다.(응시자 개인 정보 작성 시간 5분 포함)

성적 결과
HSK 1급 성적표에는 듣기, 독해 두 영역의 점수와 총점이 기재된다.
각 영역별 만점은 100점 만점이며, 총점은 200점 만점이다.

※총점이 120점 이상이면 합격이다.

	满分	你的分数
听力	100	
阅读	100	
总分	200	

시험 유형

1. 听力(듣기)

第一部分

제1부분은 총 5문항이고, 모든 문제는 두 번씩 들려준다. 먼저 짧은 구절을 듣고, 그 내용이 시험지 상의 그림과 일치하는지를 판단하는 문제이다.

예

hěn gāoxìng
很　高兴

kàn diànyǐng
看　电影

第二部分

제2부분은 총 5문항이고, 모든 문제는 두 번씩 들려준다. 먼저 짧은 문장을 듣고, 시험지에 보기로 주어진 3개의 그림 중 일치하는 것을 찾는 문제이다.

예

Zhè　shì　wǒ　de　shū.
这　是　我　的　书。

第三部分

제3부분은 총 5문항이고, 모든 문제는 두 번씩 들려준다. 먼저 두 사람의 대화를 듣고, 그 대화와 일치하는 그림을 찾는 문제이다.

예

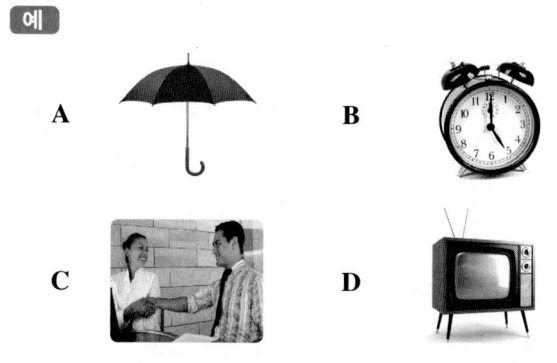

男: Nǐ hǎo!
　　你 好！

女: Nǐ hǎo! Hěn gāoxìng rènshi nǐ.
　　你 好！很 高兴 认识 你。　　　　　C

第四部分

제4부분은 총 5문항이고, 모든 문제는 두 번씩 들려준다. 한 문장을 들려주고, 그 문장과 관련된 질문을 한다. 시험지에 주어진 3개의 보기 중에서 질문의 답을 고르는 문제이다.

예

Xiàwǔ wǒ qù shāngdiàn, Wǒ xiǎng mǎi yìxiē shuǐguǒ.
下午 我 去 商店， 我 想 买 一些 水果。

问: Tā xiàwǔ qù nǎlǐ?
　　她 下午 去 哪里？

　shāngdiàn　　　　　　yīyuàn　　　　　　xuéxiào
A 商店 ✓　　　　　B 医院　　　　　C 学校

2. 阅读(독해)

第一部分

제1부분은 총 5문항이다. 문제마다 각각 하나의 그림과 단어가 주어진다. 주어진 그림과 단어가 일치하는지 판단하는 문제이다.

예

	diànshì 电视	×
	fēijī 飞机	✓

第二部分

제2부분은 총 5문항이다. 주어진 문장과 일치하는 그림을 보기에서 찾는 문제이다.

예

A    B

C    D

E    F

Wǒ hěn xǐhuan zhè běn shū.
我 很 喜欢 这 本 书.　　　　E

第三部分

제3부분은 총 5문항이다. 5개의 질문과 대답이 주어진다. 주어진 질문에 알맞은 대답을 찾는 문제이다.

예

Nǐ hē shuǐ ma?
你 喝 水 吗? [B]

shì
A 是

Nǐ māma shì yīshēng ma?
你 妈妈 是 医生 吗? [   ]

Hǎo de, xièxie!
B 好 的，谢谢！

第四部分

제4부분은 총 5문항이고, 주어진 문장 가운데에 빈칸이 하나 있다. 보기 중에서 빈칸에 들어갈 알맞은 단어를 골라 완전한 문장을 만드는 문제이다.

예

	duìbuqǐ		gōngzuò		suì		míngzi		zuò		hé
A	对不起	B	工作	C	岁	D	名字	E	做	F	和

Nǐ jiào shénme ?
你 叫 什么 (D) ?

시험 진행 과정

1. 시험이 시작되면, 감독관이 다음과 같이 말한다.

   大家好！欢迎参加HSK一级考试。
   여러분, 안녕하세요! HSK 1급 시험에 참가하신 것을 환영합니다.

2. 감독관은 응시생들에게 아래 사항에 대해 주의를 준다. (이때는 응시생의 모국어나 기타 유효한 방법을 사용할 수 있다.)
   (1) 휴대전화의 전원을 끈다.
   (2) 수험표와 신분증을 책상 우측 상단에 놓는다.

3. 그 후, 감독관은 시험지를 배포한다.

4. 시험지 배포 후, 감독관은 응시생들에게 시험지 표지에 기재된 주의 사항을 설명해 준다. (이때는 응시생의 모국어나 기타 유효한 방법을 사용할 수 있다.)

   ## 注 意

   一、HSK一级分两部分：
     1. 听力(20题，约15分钟)
     2. 阅读(20题，15分钟)
   二、**答案先写在试卷上，最后5分钟再写在答题卡上。**
   三、**全部考试约40分钟(含考生填写个人信息时间5分钟)。**

5. 그 후, 감독관은 다음과 같이 말한다.

   现在请大家填写答题卡。
   지금부터 답안지를 작성해 주세요.

   감독관은 응시생의 수험표를 참고하여(이때는 응시생의 모국어나 기타 유효한 방법을 사용할 수 있다.) 연필로 답안지에 이름과 국적, 수험 번호, 성별, 고사장 번호, 연령, 화교 여부, 중국어 학습 기간 등을 기재할 것을 지시한다. 이름은 수험표 상의 이름을 기재해야 한다.
   화교 응시생이란 부모님 양쪽 혹은 한쪽이 중국인인 응시생을 가리킨다.

6 그 후, 감독관은 다음과 같이 말한다.

> 现在开始听力考试。
> 지금부터 듣기 시험을 시작하겠습니다.

7 감독관은 듣기 녹음을 방송한다.

8 듣기 시험이 끝난 후, 감독관은 다음과 같이 말한다.

> 现在开始阅读考试。考试时间为15分钟。
> 지금부터 독해 시험을 시작하겠습니다. 시험 시간은 15분입니다.

9 독해 시험이 5분 남았을 때, 감독관은 다음과 같이 말한다.

> 阅读考试时间还有5分钟。
> 독해 시험 시간이 5분 남았습니다.

10 독해 시험이 끝난 후, 감독관은 다음과 같이 말한다.

> 现在请把答案写在答题卡上，时间为5分钟。
> 지금부터 답을 답안지에 기입해 주세요. 시간은 5분입니다.

감독관은 응시생들에게 답안을 답안지를 적으라고 알려 준다. (이때는 응시생의 모국어나 기타 유효한 방법을 사용할 수 있다.)

11 5분 후, 감독관은 시험지와 답안지를 회수한다.

12 감독관은 시험지와 답안지를 회수한 후, 다음과 같이 말한다.

> 考试现在结束。谢谢大家！再见。
> 이것으로 시험을 마치겠습니다. 모두들 수고하셨습니다.

新HSK 모의고사 1级

- 모의고사 1회
- 모의고사 2회
- 모의고사 3회
- 모의고사 4회

新汉语水平考试
HSK（一级）
模拟考试 1

注　意

一、　HSK（一级）分两部分：

　　　1. 听力(20题，约 15分钟)

　　　2. 阅读(20题，15分钟)

二、　答案先写在试卷上，最后5分钟再写在答题卡上。

三、　全部考试约40分钟(含考生填写个人信息时间5分钟)。

一、听力

第一部分

第1-5题

例如：	(笑脸图)	✓
	(家人看报图)	✗
1.	(公交车内图)	
2.	(睡觉图)	
3.	(时钟图)	
4.	(读书图)	
5.	(微笑女士图)	

第二部分

第6-10题

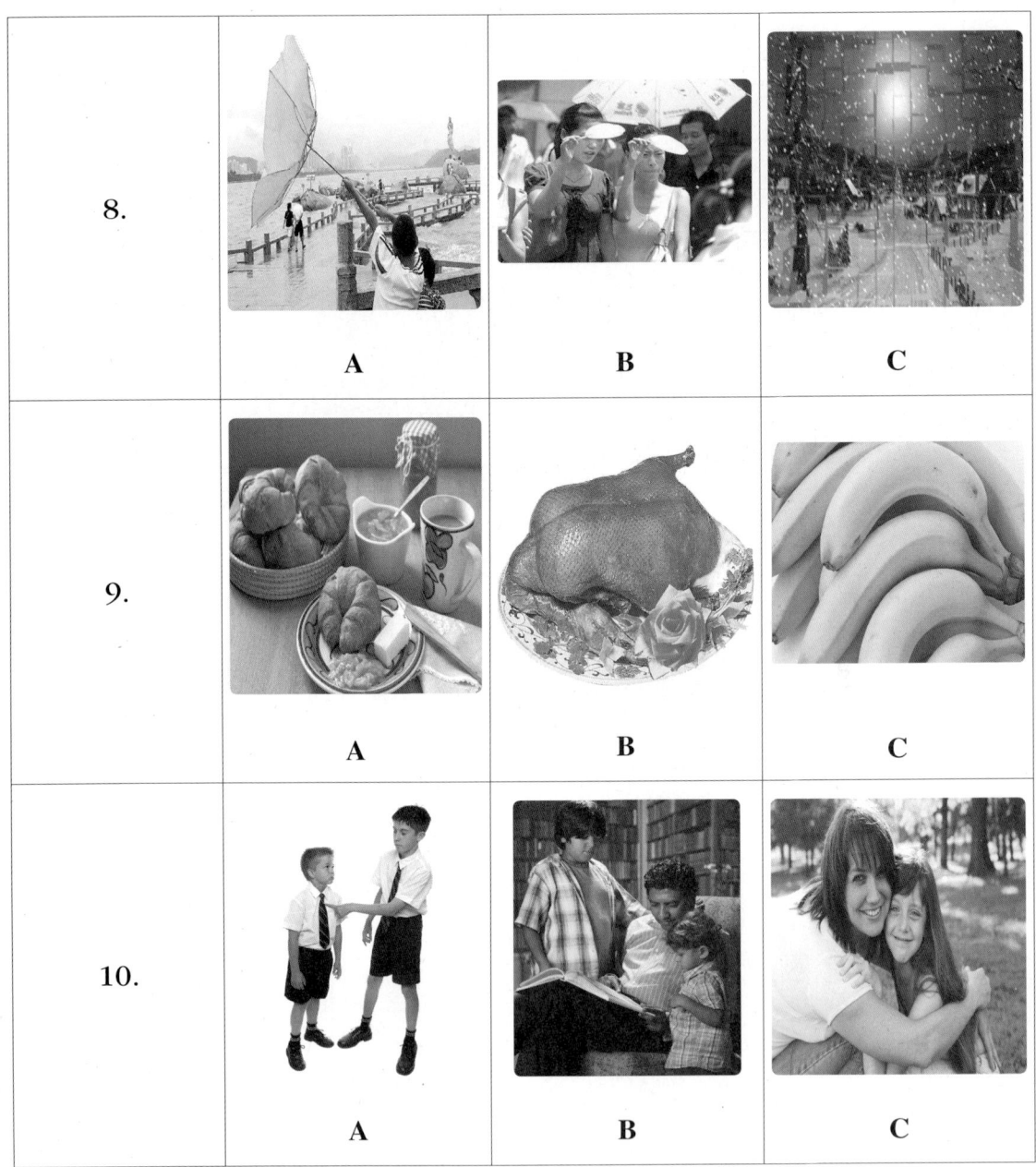

第三部分

第11-15题

A 🍎

B [clothing]

C [handshake]

D [Tiananmen]

E [dish of food]

F [classroom]

                Nǐ hǎo!
例如： 女： 你 好！

                Nǐ hǎo! Hěn gāoxìng rènshi nǐ.
         男： 你 好！ 很 高兴 认识 你。   [C]

11. □

12. □

13. □

14. □

15. □

第四部分

第16-20题

例如：
Xiàwǔ wǒ qù shāngdiàn, Wǒ xiǎng mǎi yìxiē shuǐguǒ.
下午 我 去 商店， 我 想 买 一些 水果。

问：
Tā xiàwǔ qù nǎlǐ?
她 下午 去 哪里？

A shāngdiàn 商店 ✓ B yīyuàn 医院 C xuéxiào 学校

16. A Běijīng 北京 B Shànghǎi 上海 C Shǒu'ěr 首尔

17. A lǎoshī 老师 B péngyou 朋友 C tóngxué 同学

18. A sān kǒu rén 三口人 B sì kǒu rén 四口人 C wǔ kǒu rén 五口人

19. A wǔ diǎn 五点 B liù diǎn 六点 C qī diǎn 七点

20. A xīngqīsān 星期三 B xīngqīwǔ 星期五 C xīngqīsì 星期四

二、阅读

第一部分

第21-25题

例如：	[电脑图片]	diànshì 电视	✗
	[飞机图片]	fēijī 飞机	✓
21.	[竖大拇指男人图片]	tā 她	
22.	[学生图片]	tóngxué 同学	
23.	[站立的人图片]	zuò 坐	
24.	[桌子图片]	yǐzi 椅子	
25.	[饭菜图片]	cài 菜	

第二部分

第26-30题

A

B

C

D

E

F

例如： Wǒ hěn xǐhuan zhè běn shū.
我 很 喜欢 这 本 书。   E

26. Tā zài gōngsī gōngzuò.
他 在 公司 工作。

27. Shéi shì nǐmen de lǎoshī?
谁 是 你们 的 老师？

28. Tā míngtiān qù shūdiàn mǎi shū.
他 明天 去 书店 买 书。

29. Wǒ de zìxíngchē zěnmeyàng?
我 的 自行车 怎么样？

30. Wǒ jiā yǒu liù kǒu rén.
我 家 有 六 口 人。

第三部分

第31-35题

例如： Nǐ hē shuǐ ma?
你 喝 水 吗？   [F]   A 饺子 (jiǎozi)

31. Jīntiān xīngqī jǐ?
今天 星期 几？   [ ]   B 三 口 人 (sān kǒu rén)

32. Nǐ xǐhuan chī shénme?
你 喜欢 吃 什么？ [ ]   C 星期三 (xīngqīsān)

33. Duìbuqǐ, wǒ lái wǎn le.
对不起，我 来 晚 了。 [ ]   D 没 关系 (méi guānxi)

34. Nǐ jiā yǒu jǐ kǒu rén?
你 家 有 几 口 人？ [ ]   E 北京 (Běijīng)

35. Nǐ míngtiān qù nǎr?
你 明天 去 哪儿？   [ ]   F 好 的，谢谢！(Hǎo de, xièxie!)

第四部分

第36-40题

　　　　　　zài　　　　huǒchēzhàn　　　rènshi　　　　míngzi　　　dōngxi　　　　xuéxí
　　　　A 在　　B 火车站　　C 认识　　D 名字　　E 东西　　F 学习

　　　　　Nǐ　jiào shénme　　　?
例如：你 叫 什么（ D ）?

　　　　　Wǒ míngtiān qù shāngdiàn mǎi　　　．
36. 我 明天 去 商店 买（　）。

　　　　　Wǒ dìdi zài Běijīngdàxué　　　Hànyǔ．
37. 我 弟弟 在 北京大学（　）汉语。

　　　　　Tā qù　　　kàn péngyou le．
38. 他 去（　）看 朋友 了。

　　　　　Wèi, Wáng lǎoshī　　　jiā ma?
39. 女：喂，王 老师（　）家 吗？

　　　　　Tā bú zài jiā．
　　 男：她 不 在 家。

　　　　　Nǐ　　　Zhāng lǎoshī ma?
40. 男：你（　）张 老师 吗？

　　　　　Dāngrán le, Tā shì wǒ de Hànyǔ lǎoshī．
　　 女：当然 了，她 是 我 的 汉语 老师。

新汉语水平考试
HSK（一级）
模拟考试 2

注　意

一、　HSK（一级）分两部分：

　　　1. 听力(20题，约 15分钟)

　　　2. 阅读(20题，15分钟)

二、　答案先写在试卷上，最后5分钟再写在答题卡上。

三、　全部考试约40分钟(含考生填写个人信息时间5分钟)。

一、听力
第一部分

第1-5题

例如：	(笑脸女孩图)	✓
	(父亲与孩子看报图)	✕
1.		
2.		
3.		
4.		
5.		

第二部分

第6-10题

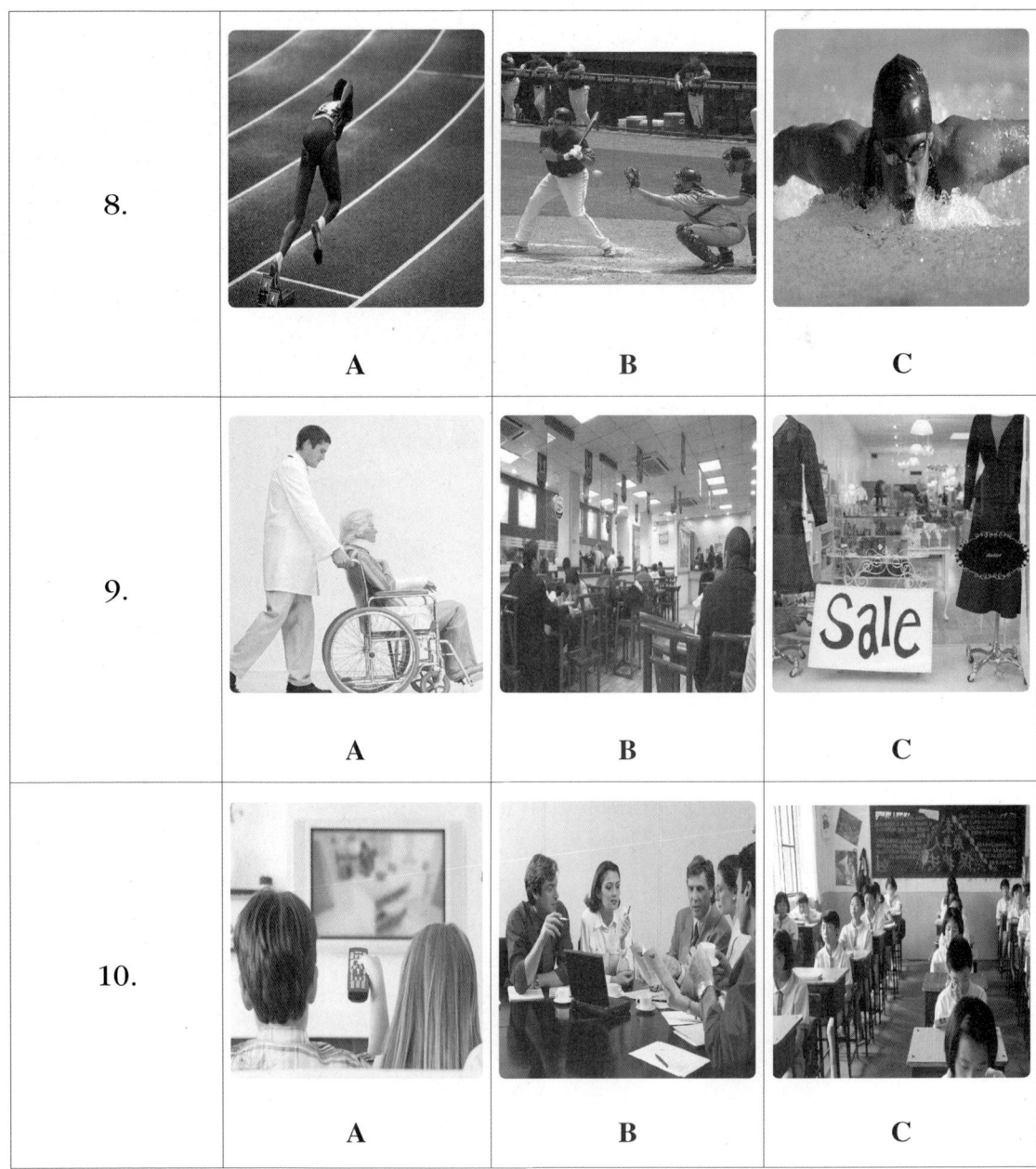

第三部分

第11-15题

A	(茶)	B	(医生)
C	(握手)	D	(图书馆)
E	(电视)	F	(老师)

例如： 女： Nǐ hǎo!
       你 好！

       男： Nǐ hǎo! Hěn gāoxìng rènshi nǐ.
       你 好！ 很 高兴 认识 你。   C

11.

12.

13.

14.

15.

第四部分

第16-20题

例如:
Xiàwǔ wǒ qù shāngdiàn, Wǒ xiǎng mǎi yìxiē shuǐguǒ.
下午 我 去 商店, 我 想 买 一些 水果。

问: Tā xiàwǔ qù nǎlǐ?
她 下午 去 哪里?

A shāngdiàn 商店 ✓ B yīyuàn 医院 C xuéxiào 学校

16. A zuótiān 昨天 B míngtiān 明天 C jīntiān 今天

17. A péngyou 朋友 B tóngxué 同学 C tóngwū 同屋

18. A diànshì 电视 B shū 书 C diànyǐng 电影

19. A Fǎyǔ 法语 B Yīngyǔ 英语 C Hànyǔ 汉语

20. A sān tiān 三 天 B sān ge yuè 三 个 月 C yì nián 一 年

二、阅读

第一部分

第21-25题

例如：	diànshì 电视	✗
	fēijī 飞机	✓
21.	sān běn shū 三 本 书	
22.	xuéxiào 学校	
23.	wǒ 我	
24.	bēizi 杯子	
25.	xiǎojiě 小姐	

第二部分

第26-30题

A	🍎	B	☎ 62202495
C	🥚	D	💰
E	📖	F	👥

例如： Wǒ hěn xǐhuan zhè běn shū.
我 很 喜欢 这 本 书。　　　　E

26. Wǒ chī sān ge jīdàn.
　　我 吃 三 个 鸡蛋。

27. Píngguǒ yì jīn duōshao qián?
　　苹果 一 斤 多少 钱？

28. Tā yǒu hěn duō qián.
　　他 有 很 多 钱。

29. Tā de diànhuà hàomǎ shì liù èr èr líng èr sì jiǔ wǔ.
　　他 的 电话 号码 是 62202495。

30. Tāmen shì xiǎoxuéshēng.
　　他们 是 小学生。

第三部分

第31-35题

例如：Nǐ hē shuǐ ma?
你 喝 水 吗? **F**

A shí suì
  十 岁

31. Nǐ zhù zài nǎr?
    你 住 在 哪儿? ☐

B yīshēng
  医生

32. Tā jǐ suì le?
    她 几 岁 了? ☐

C Běijīng
  北京

33. Nǐ jiào shénme míngzi?
    你 叫 什么 名字? ☐

D Mǎlì
  玛丽

34. Nǐ shì nǎ guó rén?
    你 是 哪 国 人? ☐

E Zhōngguórén
  中国人

35. Nǐ māma zuò shénme gōngzuò?
    你 妈妈 做 什么 工作? ☐

F Hǎo de, xièxie!
  好 的，谢谢!

第四部分

第36-40题

gāoxìng	fēijī	jiǎozi	míngzi	méi guānxi	duì
A 高兴	**B** 飞机	**C** 饺子	**D** 名字	**E** 没 关系	**F** 对

例如： Nǐ jiào shénme
你 叫 什么（ **D** ）？

36. Rènshi nǐ wǒ hěn
认识 你 我 很（ ）。

37. Nǐ chī háishì bāozi?
你 吃（ ）还是 包子？

38. Tā zuò qù Shànghǎi.
他 坐（ ）去 上海。

39. 女： Nǐ shì Lǐ lǎoshī ma?
你 是 李 老师 吗？

男：（ ）, wǒ shì Lǐ lǎoshī.
，我 是 李 老师。

40. 男： Duìbuqǐ, wǒ lái wǎn le.
对不起，我 来 晚 了。

女：（ ）。

新汉语水平考试
HSK（一级）
模拟考试 3

注　意

一、　HSK（一级）分两部分：

　　　1. 听力(20题，约 15分钟)

　　　2. 阅读(20题，15分钟)

二、　答案先写在试卷上，最后5分钟再写在答题卡上。

三、　全部考试约40分钟(含考生填写个人信息时间5分钟)。

一、听力
第一部分

第1-5题

例如:	(smiling girl)	✓
	(family reading newspaper)	✗
1.		
2.		
3.		
4.		
5.		

第二部分

第6-10题

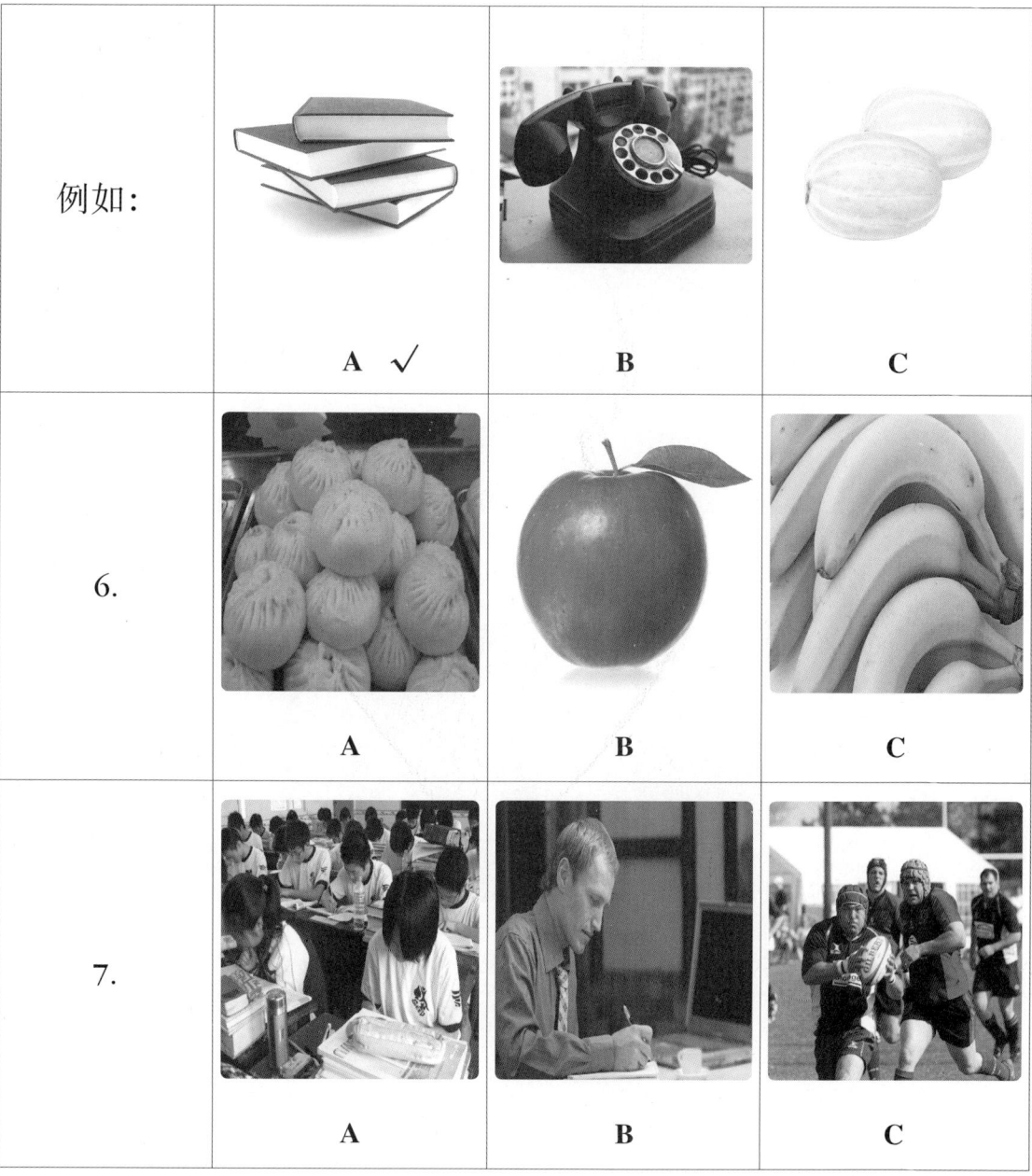

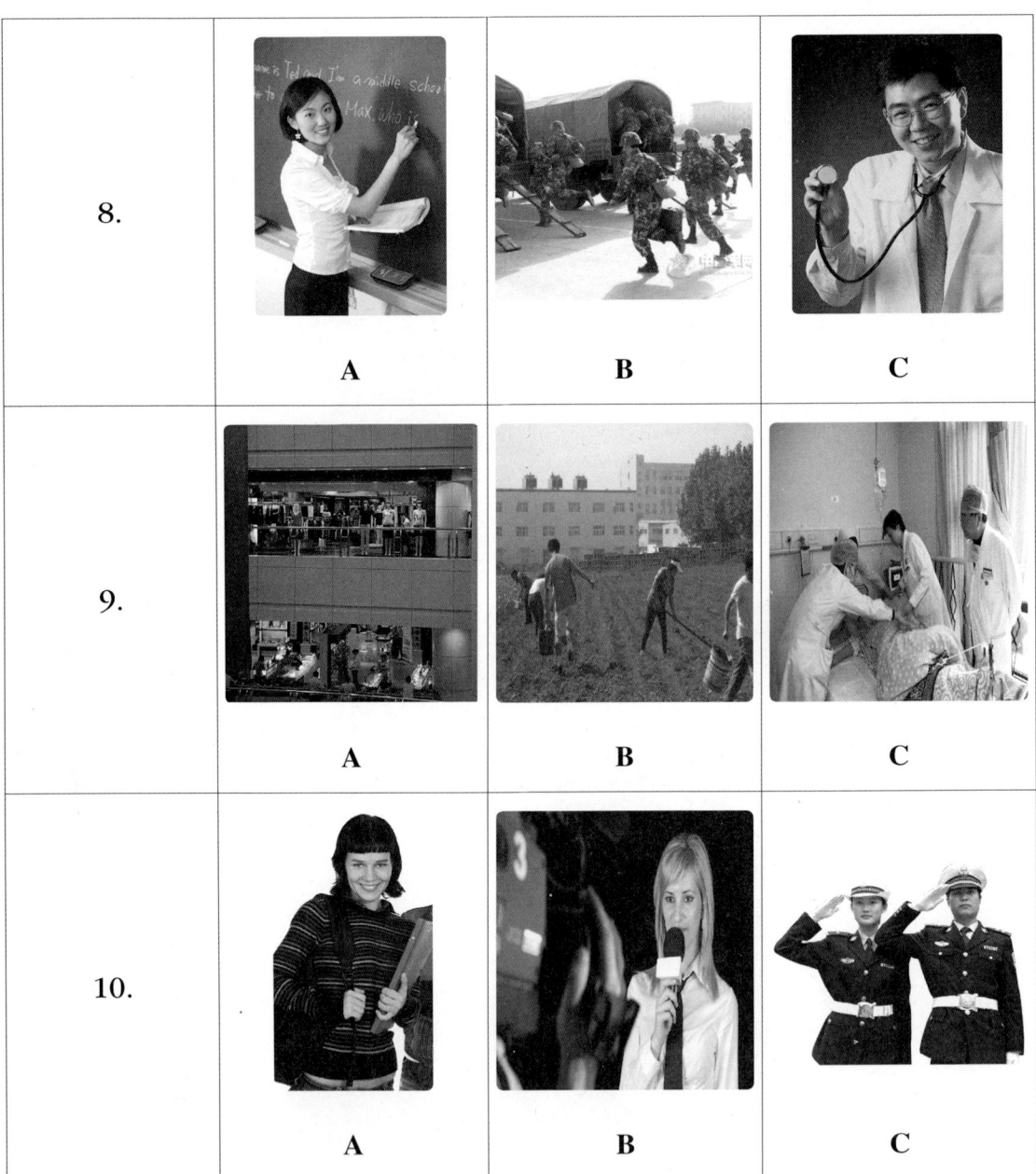

第三部分

第11-15题

A. [雨伞图片]

B. [两个男孩握手图片]

C. [男女握手图片]

D. [女人做饭图片]

E. [男女在餐厅图片]

F. [时钟图片]

例如：女： Nǐ hǎo!
　　　　 你 好！

　　　男： Nǐ hǎo! Hěn gāoxìng rènshi nǐ.
　　　　 你 好！ 很 高兴 认识 你。　　C

11. ☐

12. ☐

13. ☐

14. ☐

15. ☐

第四部分

第16-20题

例如: Xiàwǔ wǒ qù shāngdiàn, Wǒ xiǎng mǎi yìxiē shuǐguǒ.
下午 我 去 商店，我 想 买 一些 水果。

问: Tā xiàwǔ qù nǎlǐ?
她 下午 去 哪里？

A shāngdiàn 商店 ✓   B yīyuàn 医院   C xuéxiào 学校

16. A rè 热   B xià yǔ 下 雨   C lěng 冷

17. A fēijī 飞机   B chē 车   C huǒchē 火车

18. A bēizi 杯子   B běnzi 本子   C shū hé bǐ 书 和 笔

19. A yīyuàn qiánmiàn 医院 前面   B yīyuàn hòumiàn 医院 后面   C yīyuàn lǐmiàn 医院 里面

20. A wǔ diǎn 五 点   B liù diǎn 六 点   C qī diǎn 七 点

二、阅读

第一部分

第21-25题

例如：	(电视)	diànshì 电视	✗
	(飞机)	fēijī 飞机	✓
21.		hē 喝	
22.		huǒchēzhàn 火车站	
23.		Zhōngguó 中国	
24.		mǐfàn 米饭	
25.		gǒu 狗	

第二部分

第26-30题

A		B	
C		D	
E		F	

　　　　　Wǒ hěn xǐhuan zhè běn shū.
例如：　我　很　喜欢　这　本　书。　　　　　E

　　　　Tā zài shuìjiào ne.
26.　她　在　睡觉　呢。

　　　　Wǒmen qù Hánguó.
27.　我们　去　韩国。

　　　　Tāmen zuò   fēijī qù Běijīng.
28.　他们　坐　飞机　去　北京。

　　　　Tā hěn xǐhuan yóuyǒng.
29.　他　很　喜欢　游泳。

　　　　Wǒmen zài shítáng chīfàn.
30.　我们　在　食堂　吃饭。

第三部分

第31-35题

例如：你 喝 水 吗？ （Nǐ hē shuǐ ma?）　　[F]

A 汉语 （Hànyǔ）

31. 你 的 生日 是 几 月 几 号？ （Nǐ de shēngrì shì jǐ yuè jǐ hào?）　　[ ]

B 十二 点 （shí'èr diǎn）

32. 你 会 说 什么？ （Nǐ huì shuō shénme?）　　[ ]

C 5 月 10 号 （wǔ yuè shí hào）

33. 你 去 哪儿？ （Nǐ qù nǎr?）　　[ ]

D 很 好 （hěn hǎo）

34. 你 什么 时候 下课？ （Nǐ shénme shíhou xiàkè?）　　[ ]

E 商店 （shāngdiàn）

35. 你 身体 好 吗？ （Nǐ shēntǐ hǎo ma?）　　[ ]

F 好 的，谢谢！ （Hǎo de, xièxie!）

第四部分

第36-40题

	huì	ne	hàomǎ	míngzi	tiānqì	zěnme
	A 会	B 呢	C 号码	D 名字	E 天气	F 怎么

Nǐ jiào shénme
例如：你 叫 什么（ D ）？

Wǒmen zài xuéxí ＿＿＿．
36. 我们 在 学习（ ）。

Wǒ shuō Hànyǔ．
37. 我（ ）说 汉语。

Jīntiān zěnmeyàng?
38. 今天（ ）怎么样？

Nǐ de diànhuà shì duōshao?
39. 女：你 的 电话（ ）是 多少？

Sān sān èr sì sì qī bā jiǔ．
男：33244789。

Nǐ shì lái de?
40. 男：你 是（ ）来 的?

Wǒ shì zuò qìchē lái de．
女：我 是 坐 汽车 来 的。

新汉语水平考试
HSK（一级）
模拟考试 4

注　意

一、　HSK（一级）分两部分：

　　1. 听力(20题，约 15分钟)

　　2. 阅读(20题，15分钟)

二、　答案先写在试卷上，最后5分钟再写在答题卡上。

三、　全部考试约40分钟(含考生填写个人信息时间5分钟)。

一、听力

第一部分

第1-5题

例如：	(笑脸女孩)	✓
	(一家人看报纸)	✗
1.	(男子吃饭)	
2.	(小女孩)	
3.	(女子喝饮料)	
4.	(铅笔)	
5.	(桌子)	

第二部分

第6-10题

例如： A ✓

6.

7.

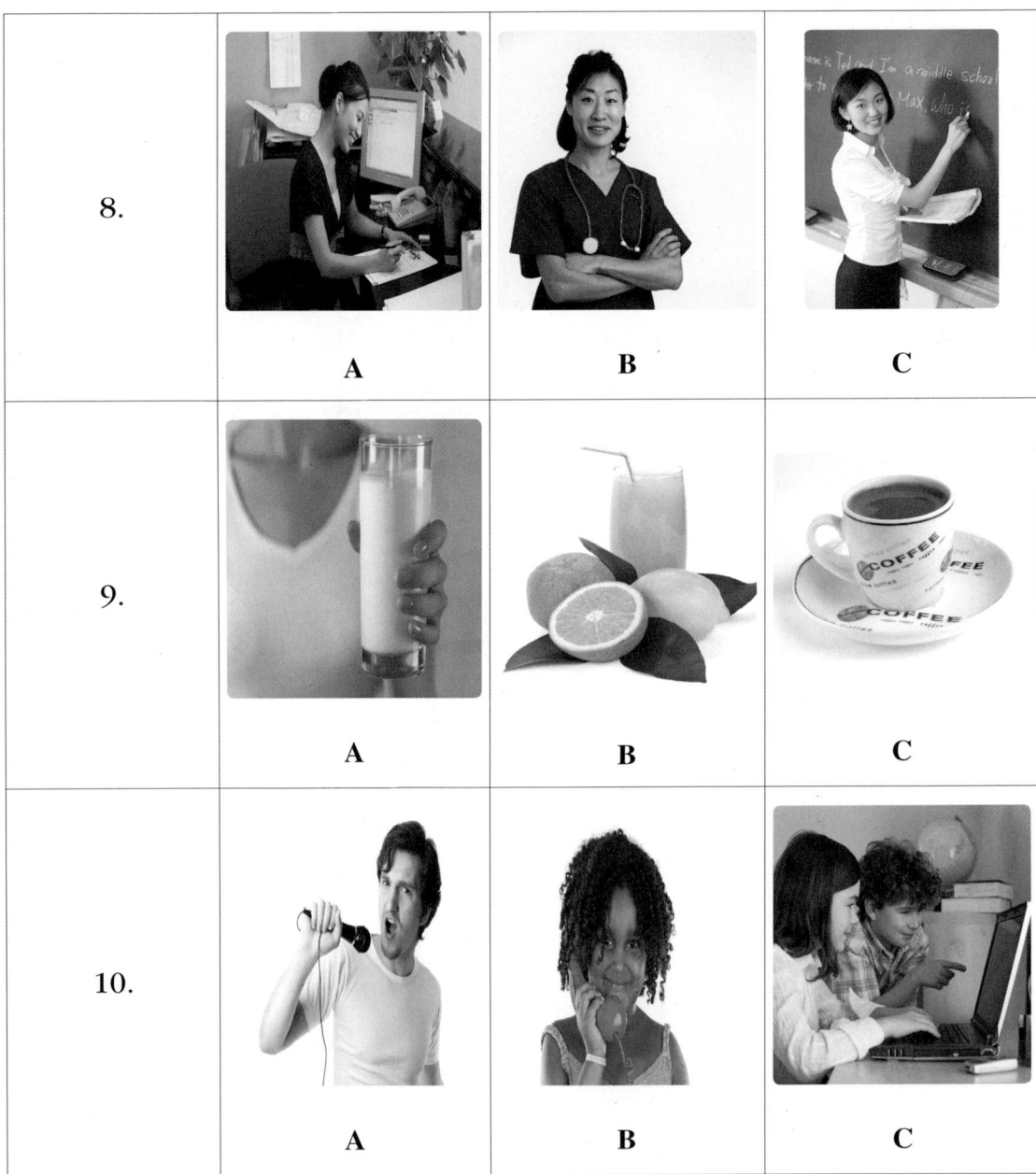

第三部分

第11-15题

A. [伞]

B. [闹钟]

C. [握手]

D. [电视]

E. [课堂]

F. [女子]

例如： 女： Nǐ hǎo!
        你 好！

男： Nǐ hǎo! Hěn gāoxìng rènshi nǐ.
    你 好！ 很 高兴 认识 你。   C

11.

12.

13.

14.

15.

第四部分

第16-20题

例如:
Xiàwǔ wǒ qù shāngdiàn, Wǒ xiǎng mǎi yìxiē shuǐguǒ.
下午 我 去 商店, 我 想 买 一些 水果。

问: Tā xiàwǔ qù nǎlǐ?
她 下午 去 哪里?

A shāngdiàn 商店 ✓ B yīyuàn 医院 C xuéxiào 学校

16. A Rìběnrén 日本人 B Hánguórén 韩国人 C Zhōngguórén 中国人

17. A gēge 哥哥 B māma 妈妈 C dìdi 弟弟

18. A wǔ hào 5号 B sì hào 4号 C sān hào 3号

19. A zuò fàn 做饭 B shuō Hànyǔ 说汉语 C zuò zuòyè 做作业

20. A xuésheng 学生 B lǎoshī 老师 C yīshēng 医生

二、阅读

第一部分

第21-25题

例如：		diànshì 电视	✗
		fēijī 飞机	✓
21.		xuésheng 学生	
22.		huǒchē 火车	
23.		qián 钱	
24.		huǒchēzhàn 火车站	
25.		yǐzi 椅子	

第二部分

第26-30题

A — [哈利波特海报]
B — [茶杯]
C — [蛋糕]
D — [出租车 TAXI]
E — [看书的女孩]
F — [商店购物]

例如： Wǒ hěn xǐhuan zhè běn shū.
我 很 喜欢 这 本 书。 E

26. Māma měitiān hē chá.
    妈妈 每天 喝 茶。

27. Zuótiān shì tā jiějie de shēngrì.
    昨天 是 她 姐姐 的 生日。

28. Wǒmen qù shāngdiàn mǎi dōngxi.
    我们 去 商店 买 东西。

29. Tā zài Běijīng kàn diànyǐng.
    他 在 北京 看 电影。

30. Wǒ xiǎng zuò chūzūchē qù.
    我 想 坐 出租车 去。

第三部分

第31-35题

例如：你 喝 水 吗？ [F]   A 鸡蛋

31. 你 妈妈 是 医生 吗？ [ ]   B 下午 三 点。

32. 你 喜欢 吃 什么？ [ ]   C 我 有 一 个 女儿。

33. 你们 唱 什么？ [ ]   D 中国 歌

34. 你 什么 时候 回家？ [ ]   E 是

35. 你 有 孩子 吗？ [ ]   F 好 的，谢谢！

第四部分

第36-40题

	duìbuqǐ	gōngzuò	suì	míngzi	zuò	hé
A	对不起	B 工作	C 岁	D 名字	E 做	F 和

　　　　　Nǐ jiào shénme
例如：你 叫 什么（ **D** ）？

　　　Mèimei bā　　 le.
36. 妹妹 八（　　）了。

　　　Māma zài xuéxiào　　, shì ge lǎoshī.
37. 妈妈 在 学校（　　），是 个 老师。

　　　Wáng lǎoshī　　 wǒ qù Zhōngguó.
38. 王 老师（　　）我 去 中国。

　　　　Wèi, Zhāng lǎoshī zài jiā ma?
39. 女：喂， 张 老师 在 家 吗？
　　　　　　　, tā bú zài.
　　　男：（　　），他 不 在。

　　　　Míngtiān nǐ　　 shénme?
40. 男：明天 你（　　）什么？
　　　　Wǒ qù shāngdiàn mǎi dōngxi.
　　　女：我 去 商店 买 东西。

新HSK 모의고사 1级

- 답안·듣기 대본
- 답안지

HSK 모의고사 제1회 답안

一. 听力

1. √   2. ×   3. √   4. ×   5. ×

6. C   7. B   8. B   9. B   10. C

11. B   12. A   13. D   14. F   15. E

16. A   17. B   18. C   19. B   20. C

二. 阅读

21. ×   22. √   23. ×   24. ×   25. √

26. D   27. A   28. C   29. B   30. F

31. C   32. A   33. D   34. B   35. E

36. E   37. F   38. B   39. A   40. C

HSK 모의고사 제1회 듣기 대본

第一 部分
Dì-yī bùfen

一共 5 个 题，每 题 听 两 次。
Yígòng ge tí, měi tí tīng liǎng cì.

例如： 很 高兴
Lìrú: hěn gāoxìng

　　　 看 电影
　　　 kàn diànyǐng

现在 开始 第 1 题：
Xiànzài kāishǐ dì tí:

1. 坐 汽车
　 zuò qìchē

2. 看 书
　 kàn shū

3. 八 点
　 bā diǎn

4. 看 电视
　 kàn diànshì

5. 爸爸
　 bàba

第二 部分
Dì-èr bùfen

一共 5 个 题，每 题 听 两 次。
Yígòng ge tí, měi tí tīng liǎng cì.

Lìrú: Zhè shì wǒ de shū.
例如： 这 是 我 的 书。

Xiànzài kāishǐ dì tí:
现在 开始 第 6 题：

Zhè jiàn yīfu hěn piàoliang.
6. 这 件 衣服 很 漂亮。

Tā de gèzi hěn gāo.
7. 他 的 个子 很 高。

Jīntiān hěn rè.
8. 今天 很 热。

Zhōngguó cài hěn hǎochī.
9. 中国 菜 很 好吃。

Wǒ hěn xǐhuan māma.
10. 我 很 喜欢 妈妈。

Dì-sān bùfen
第三 部分

Yígòng ge tí, měi tí tīng liǎng cì.
一共 5 个 题，每题 听 两 次。

Lìrú: Nǐ hǎo!
例如： 男：你 好！

Nǐ hǎo! Hěn gāoxìng rènshi nǐ.
女：你 好！很 高兴 认识 你。

Xiànzài kāishǐ dì tí:
现在 开始 第 11 题：

Zhè jiàn yīfu duōshao qián?
11. 男：这 件 衣服 多少 钱？
Bāshí kuài.
女：八十 块。

12.
　　Nǐ ài chī shénme shuǐguǒ?
　男：你 爱 吃 什么 水果？
　　Wǒ ài chī píngguǒ.
　女：我 爱 吃 苹果。

13.
　　Nǐ qù nǎr le?
　男：你 去 哪儿 了？
　　Wǒ qù Zhōngguó le.
　女：我 去 中国 了。

14.
　　Tāmen zài zuò shénme ne?
　男：他们 在 做 什么 呢？
　　Tāmen zài shàngkè ne.
　女：他们 在 上课 呢。

15.
　　Nǐ xǐhuan Zhōngguó cài ma?
　男：你 喜欢 中国 菜 吗？
　　Wǒ xǐhuan Zhōngguó cài.
　女：我 喜欢 中国 菜。

Dì-sì bùfen
第四 部分

Yígòng ge tí, měi tí tīng liǎng cì.
一共 5 个 题，每 题 听 两 次。

　Lìrú: Xiàwǔ wǒ qù shāngdiàn, wǒ xiǎng mǎi yìxiē shuǐguǒ.
　例如：下午 我 去 商店，我 想 买 一些 水果。

　　　　Tā xiàwǔ qù nǎlǐ?
　问：他 下午 去 哪里？

Xiànzài kāishǐ dì tí:
现在 开始 第 16 题

16. Wǒ míngtiān qù Běijīng.
    我 明天 去 北京。
    问: Tā míngtiān qù nǎr?
    他 明天 去 哪儿?

17. Míngtiān xiàwǔ, wǒ hé péngyou qù gōngyuán wánr.
    明天 下午，我 和 朋友 去 公园 玩儿。
    问: Tā hé shéi qù gōngyuán?
    他 和 谁 去 公园?

18. Wǒ jiā yǒu wǔ kǒu rén.
    我 家 有 五 口 人。
    问: Tā jiā yǒu jǐ kǒu rén?
    他 家 有 几 口 人?

19. Wǒ liù diǎn qǐchuáng.
    我 六 点 起床。
    问: Tā jǐ diǎn qǐchuáng?
    他 几 点 起床?

20. Jīntiān shì wǔ yuè sān hào, xīngqīsì.
    今天 是 五 月 三 号，星期四。
    问: Jīntiān shì xīngqī jǐ?
    今天 是 星期 几?

Tīnglì kǎoshì xiànzài jiéshù.
听力 考试 现在 结束。

新 HSK 모의고사 제2회 답안

一. 听力

1. ×   2. √   3. √   4. ×   5. √

6. A   7. B   8. C   9. A   10. B

11. F   12. A   13. D   14. E   15. B

16. B   17. C   18. A   19. C   20. B

二. 阅读

21. ×   22. √   23. ×   24. √   25. √

26. C   27. A   28. D   29. B   30. F

31. C   32. A   33. D   34. E   35. B

36. A   37. C   38. B   39. F   40. E

HSK 모의고사 제2회 듣기 대본

第一部分
Dì-yī bùfen

一共 5 个 题, 每 题 听 两 次。
Yígòng ge tí, měi tí tīng liǎng cì.

例如: 很 高兴
Lìrú: hěn gāoxìng

　　　看 电影
　　　kàn diànyǐng

现在 开始 第 1 题:
Xiànzài kāishǐ dì tí:

1. 女儿
   nǚ'ér

2. 写 字
   xiě zì

3. 打 电话
   dǎ diànhuà

4. 听
   tīng

5. 穿 衣服
   chuān yīfu

第二 部分
Dì-èr bùfen

一共 5 个 题, 每 题 听 两 次。
Yígòng ge tí, měi tí tīng liǎng cì.

Lìrú: Zhè shì wǒ de shū.
例如： 这 是 我 的 书。

Xiànzài kāishǐ dì tí:
现在 开始 第 6 题：

Wǒ xǐhuan shuǐguǒ.
6. 我 喜欢 水果。

Tāmen zài jiā.
7. 他们 在 家。

Tā zài yóuyǒng ne.
8. 他 在 游泳 呢。

Tā qù yīyuàn le.
9. 她 去 医院 了。

Wǒmen zài shuōhuà.
10. 我们 在 说话。

Dì-sān bùfen
第三 部分

Yígòng ge tí, měi tí tīng liǎng cì.
一共 5 个 题，每 题 听 两 次。

Lìrú: Nǐ hǎo!
例如： 男：你 好！
Nǐ hǎo! Hěn gāoxìng rènshi nǐ.
女：你 好！ 很 高兴 认识 你。

Xiànzài kāishǐ dì tí:
现在 开始 第 11 题：

Tā shì shéi?
11. 男：她 是 谁？
Tā shì wǒ de lǎoshī.
女：她 是 我 的 老师。

12. 男：Māma, nǐ xiǎng hē shénme?
　　　妈妈，你 想 喝 什么？
　　女：Wǒ xiǎng hē chá.
　　　我 想 喝 茶。

13. 男：Nǐ qù nǎr?
　　　你 去 哪儿？
　　女：Wǒ qù túshūguǎn kàn shū.
　　　我 去 图书馆 看 书。

14. 女：Zhège diànshì duōshao qián?
　　　这个 电视 多少 钱？
　　男：Wǔshí kuài qián.
　　　五十 块 钱。

15. 男：Nǐ bàba shì yīshēng ma?
　　　你 爸爸 是 医生 吗？
　　女：Shì, tā shì yīshēng.
　　　是，他 是 医生。

Dì-sì bùfen
第四 部分

Yígòng ge tí, měi tí tīng liǎng cì.
一共 5 个 题，每 题 听 两 次。

Lìrú: Xiàwǔ wǒ qù shāngdiàn, wǒ xiǎng mǎi yìxiē shuǐguǒ.
例如： 下午 我 去 商店，我 想 买 一些 水果。

　　　Tā xiàwǔ qù nǎlǐ?
问：他 下午 去 哪里？

Xiànzài kāishǐ dì　 tí:
现在 开始 第 16 题

16.
Bàba míngtiān qù Zhōngguó.
爸爸 明天 去 中国。

问：Bàba shénme shíhou qù Zhōngguó?
爸爸 什么 时候 去 中国？

17.
Wǒ tóngwū yào qù tīng yīnyuèhuì.
我 同屋 要 去 听 音乐会。

问：Shéi qù tīng yīnyuèhuì?
谁 去 听 音乐会？

18.
Wǒ bù xiǎng kàn diànyǐng, wǒ xiǎng zài jiā kàn diànshì.
我 不 想 看 电影，我 想 在 家 看 电视。

问：Tā xiǎng kàn shénme?
他 想 看 什么？

19.
Tā huì shuō Hànyǔ.
他 会 说 汉语。

问：Tā huì shuō shénme?
他 会 说 什么？

20.
Wǒ xuéxí sān ge yuè Hànyǔ le.
我 学习 三 个 月 汉语 了。

问：Tā xuéxí duō cháng shíjiān Hànyǔ le?
他 学习 多 长 时间 汉语 了？

Tīnglì kǎoshì xiànzài jiéshù.
听力 考试 现在 结束。

HSK 모의고사 제3회 답안

一. 听力

1. × 2. √ 3. √ 4. × 5. √

6. B 7. A 8. C 9. A 10. A

11. F 12. A 13. E 14. D 15. B

16. A 17. A 18. C 19. A 20. B

二. 阅读

21. √ 22. × 23. × 24. √ 25. ×

26. F 27. C 28. B 29. D 30. A

31. C 32. A 33. E 34. B 35. D

36. B 37. A 38. E 39. C 40. F

HSK 모의고사 제3회 듣기 대본

Dì-yī bùfen
第一 部分

Yígòng   ge tí, měi tí tīng liǎng cì.
一共 5 个 题，每 题 听 两 次。

Lìrú: hěn gāoxìng
例如： 很 高兴

　　　 kàn diànyǐng
　　　 看 电影

Xiànzài kāishǐ dì   tí:
现在 开始 第 1 题：

　　　chī píngguǒ
1.　吃 苹果

　　　qù yīyuàn
2.　去 医院

　　　mǎi dōngxi
3.　买 东西

　　　hē shuǐ
4.　喝 水

　　　diànnǎo
5.　电脑

Dì-èr bùfen
第二 部分

Yígòng   ge tí, měi tí tīng liǎng cì.
一共 5 个 题，每 题 听 两 次。

Lìrú: Zhè shì wǒ de shū.
例如： 这 是 我 的 书。

Xiànzài kāishǐ dì tí:
现在 开始 第 6 题：

Zhège píngguǒ hěn dà.
6. 这个 苹果 很 大。

Tāmen zài xuéxí ne.
7. 他们 在 学习 呢。

Wǒ bàba shì yīshēng.
8. 我 爸爸 是 医生。

Wǒ zài shāngdiàn gōngzuò.
9. 我 在 商店 工作。

Wǒ nǚ'ér shì dàxuéshēng.
10. 我 女儿 是 大学生。

Dì-sān bùfen
第三 部分

Yígòng ge tí, měi tí tīng liǎng cì.
一共 5 个 题，每 题 听 两 次。

Lìrú: Nǐ hǎo!
例如： 男：你 好！

Nǐ hǎo! Hěn gāoxìng rènshi nǐ.
女：你 好！很 高兴 认识 你。

Xiànzài kāishǐ dì tí:
现在 开始 第 11 题：

Nǐ jǐ diǎn shuìjiào?
11. 男：你 几 点 睡觉？
Bā diǎn.
女：八 点。

12. 男：Tiānqì zěnmeyàng?
    天气 怎么样？
    女：Xià yǔ le.
    下 雨 了。

13. 男：Nǐ zài nǎr?
    你 在 哪儿？
    女：Wǒ zài shítáng.
    我 在 食堂。

14. 男：Nǐ māma zài zuò shénme ne?
    你 妈妈 在 做 什么 呢？
    女：Tā zài zuò fàn ne.
    她 在 做 饭 呢。

15. 女：Tā shì shéi?
    他 是 谁？
    男：Tā shì wǒ dìdi.
    他 是 我 弟弟。

Dì-sì bùfen
第四 部分

Yígòng 5 ge tí, měi tí tīng liǎng cì.
一共 5 个 题，每 题 听 两 次。

例如：Lìrú: Xiàwǔ wǒ qù shāngdiàn, wǒ xiǎng mǎi yìxiē shuǐguǒ.
下午 我 去 商店，我 想 买 一些 水果。

问：Tā xiàwǔ qù nǎlǐ?
他 下午 去 哪里？

Xiànzài kāishǐ dì tí:
现在 开始 第 16 题

16. 那儿 的 天气 太 热 了。
    问：那儿 的 天气 怎么样？

17. 我 不 想 坐 车 去，我 想 坐 飞机 去。
    问：他 想 坐 什么 去？

18. 桌子 上 有 一 本 书 和 一 支 笔。
    问：桌子 上 有 什么？

19. 火车站 在 医院 的 前面。
    问：火车站 在 哪儿？

20. 我 昨天 晚上 六 点 回家。
    问：他 昨天 晚上 几 点 回家？

听力 考试 现在 结束。

HSK 모의고사 제4회 답안

一. 听力

1. √ 2. √ 3. × 4. × 5. √

6. B 7. A 8. C 9. A 10. C

11. F 12. A 13. E 14. B 15. D

16. C 17. A 18. B 19. A 20. B

二. 阅读

21. × 22. × 23. √ 24. × 25. √

26. B 27. C 28. F 29. A 30. D

31. E 32. A 33. D 34. B 35. C

36. C 37. B 38. F 39. A 40. E

HSK 모의고사 제4회 듣기 대본

Dì-yī bùfen
第一 部分

Yígòng ge tí, měi tí tīng liǎng cì.
一共 5 个 题, 每 题 听 两 次。

Lìrú: hěn gāoxìng
例如: 很 高兴

　　　kàn diànyǐng
　　　看 电影

Xiànzài kāishǐ dì tí:
现在 开始 第 1 题:

　　chī mǐfàn
1. 吃 米饭

　　háizi
2. 孩子

　　hē chá
3. 喝 茶

　　shuǐguǒ
4. 水果

　　zhuōzi
5. 桌子

Dì-èr bùfen
第二 部分

Yígòng ge tí, měi tí tīng liǎng cì.
一共 5 个 题, 每 题 听 两 次。

Lìrú: Zhè shì wǒ de shū.
例如： 这 是 我 的 书。

Xiànzài kāishǐ dì tí:
现在 开始 第 6 题：

Tā chuān yīfu.
6. 他 穿 衣服。

Tā xǐhuan chī shuǐguǒ.
7. 他 喜欢 吃 水果。

Mèimei shì lǎoshī.
8. 妹妹 是 老师。

Wǒ hē niúnǎi.
9. 我 喝 牛奶。

Tāmen zài dǎ diànnǎo.
10. 他们 在 打 电脑。

Dì-sān bùfen
第三 部分

Yígòng ge tí, měi tí tīng liǎng cì.
一共 5 个 题，每 题 听 两 次。

Lìrú: Nǐ hǎo!
例如： 男：你 好！
　　　　　　Nǐ hǎo! Hěn gāoxìng rènshi nǐ.
　　　　女：你 好！很 高兴 认识 你。

Xiànzài kāishǐ dì tí:
现在 开始 第 11 题：

　　　　　Tā de yīfu zěnmeyàng?
11. 女：她 的 衣服 怎么样？
　　　　Hěn piàoliang.
　　男：很 漂亮。

12. 男：Míngtiān tiānqì zěnmeyàng?
    明天 天气 怎么样？
    女：Míngtiān xià yǔ.
    明天 下 雨。

13. 男：Nǐ zài nǎr?
    你 在 哪儿？
    女：Wǒ zài xuéxiào.
    我 在 学校。

14. 男：Xiànzài jǐ diǎn?
    现在 几 点？
    女：Wǔ diǎn.
    五 点。

15. 男：Wǎnshang nǐ zuò shénme?
    晚上 你 做 什么？
    女：Wǒ kàn diànshì.
    我 看 电视。

Dì-sì bùfen
第四 部分

Yígòng ge tí, měi tí tīng liǎng cì.
一共 5 个 题，每 题 听 两 次。

Lìrú: Xiàwǔ wǒ qù shāngdiàn, wǒ xiǎng mǎi yìxiē shuǐguǒ.
例如：下午 我 去 商店， 我 想 买 一些 水果。
       Tā xiàwǔ qù nǎlǐ?
问：他 下午 去 哪里？

Xiànzài kāishǐ dì tí:
现在 开始 第 16 题：

16. 他 的 朋友 是 从 中国 来 的。
    问：他 的 朋友 是 哪 国 人？

17. 明天 下午，我 和 哥哥 去 公园。
    问：他 和 谁 去 公园？

18. 今天 是 4 月 3 号，星期五。
    问：明天 是 几 号？

19. 他 会 做 饭。
    问：他 会 做 什么？

20. 我 妈妈 不 是 医生，是 老师。
    问：她 妈妈 做 什么 工作？

听力 考试 现在 结束。

HSK(一级)答题卡

汉语水平考试　HSK　答题卡

——— 请填写考生信息 ———

按照考试证件上的姓名填写：

| 姓名 | |

如果有中文姓名，请填写：

| 中文姓名 | |

考生序号	[0] [1] [2] [3] [4] [5] [6] [7] [8] [9]
	[0] [1] [2] [3] [4] [5] [6] [7] [8] [9]
	[0] [1] [2] [3] [4] [5] [6] [7] [8] [9]
	[0] [1] [2] [3] [4] [5] [6] [7] [8] [9]
	[0] [1] [2] [3] [4] [5] [6] [7] [8] [9]

——— 请填写考点信息 ———

考点代码	[0] [1] [2] [3] [4] [5] [6] [7] [8] [9]
	[0] [1] [2] [3] [4] [5] [6] [7] [8] [9]
	[0] [1] [2] [3] [4] [5] [6] [7] [8] [9]
	[0] [1] [2] [3] [4] [5] [6] [7] [8] [9]
	[0] [1] [2] [3] [4] [5] [6] [7] [8] [9]
	[0] [1] [2] [3] [4] [5] [6] [7] [8] [9]
	[0] [1] [2] [3] [4] [5] [6] [7] [8] [9]

国籍	[0] [1] [2] [3] [4] [5] [6] [7] [8] [9]
	[0] [1] [2] [3] [4] [5] [6] [7] [8] [9]
	[0] [1] [2] [3] [4] [5] [6] [7] [8] [9]

| 年龄 | [0] [1] [2] [3] [4] [5] [6] [7] [8] [9] |
| | [0] [1] [2] [3] [4] [5] [6] [7] [8] [9] |

| 性别 | 男 [1]　　女 [2] |

注意　请用2B铅笔这样写：■

一、听力

1. [✓] [✗]
2. [✓] [✗]
3. [✓] [✗]
4. [✓] [✗]
5. [✓] [✗]

6. [A] [B] [C]
7. [A] [B] [C]
8. [A] [B] [C]
9. [A] [B] [C]
10. [A] [B] [C]

11. [A] [B] [C] [D] [E] [F]
12. [A] [B] [C] [D] [E] [F]
13. [A] [B] [C] [D] [E] [F]
14. [A] [B] [C] [D] [E] [F]
15. [A] [B] [C] [D] [E] [F]

16. [A] [B] [C]
17. [A] [B] [C]
18. [A] [B] [C]
19. [A] [B] [C]
20. [A] [B] [C]

二、阅读

21. [✓] [✗]
22. [✓] [✗]
23. [✓] [✗]
24. [✓] [✗]
25. [✓] [✗]

26. [A] [B] [C] [D] [E] [F]
27. [A] [B] [C] [D] [E] [F]
28. [A] [B] [C] [D] [E] [F]
29. [A] [B] [C] [D] [E] [F]
30. [A] [B] [C] [D] [E] [F]

31. [A] [B] [C] [D] [E] [F]
32. [A] [B] [C] [D] [E] [F]
33. [A] [B] [C] [D] [E] [F]
34. [A] [B] [C] [D] [E] [F]
35. [A] [B] [C] [D] [E] [F]

36. [A] [B] [C] [D] [E] [F]
37. [A] [B] [C] [D] [E] [F]
38. [A] [B] [C] [D] [E] [F]
39. [A] [B] [C] [D] [E] [F]
40. [A] [B] [C] [D] [E] [F]

HSK(一级)答题卡

汉语水平考试 HSK 答题卡

―请填写考生信息―

按照考试证件上的姓名填写:

姓名

如果有中文姓名,请填写:

中文姓名

考生序号: [0] [1] [2] [3] [4] [5] [6] [7] [8] [9]
[0] [1] [2] [3] [4] [5] [6] [7] [8] [9]
[0] [1] [2] [3] [4] [5] [6] [7] [8] [9]
[0] [1] [2] [3] [4] [5] [6] [7] [8] [9]
[0] [1] [2] [3] [4] [5] [6] [7] [8] [9]

―请填写考点信息―

考点代码:
[0] [1] [2] [3] [4] [5] [6] [7] [8] [9]
[0] [1] [2] [3] [4] [5] [6] [7] [8] [9]
[0] [1] [2] [3] [4] [5] [6] [7] [8] [9]
[0] [1] [2] [3] [4] [5] [6] [7] [8] [9]
[0] [1] [2] [3] [4] [5] [6] [7] [8] [9]
[0] [1] [2] [3] [4] [5] [6] [7] [8] [9]
[0] [1] [2] [3] [4] [5] [6] [7] [8] [9]

国籍:
[0] [1] [2] [3] [4] [5] [6] [7] [8] [9]
[0] [1] [2] [3] [4] [5] [6] [7] [8] [9]
[0] [1] [2] [3] [4] [5] [6] [7] [8] [9]

年龄:
[0] [1] [2] [3] [4] [5] [6] [7] [8] [9]
[0] [1] [2] [3] [4] [5] [6] [7] [8] [9]

性别: 男[1] 女[2]

注意 | 请用2B铅笔这样写: ■

一、听力

1. [✓] [✗]
2. [✓] [✗]
3. [✓] [✗]
4. [✓] [✗]
5. [✓] [✗]

6. [A] [B] [C]
7. [A] [B] [C]
8. [A] [B] [C]
9. [A] [B] [C]
10. [A] [B] [C]

11. [A] [B] [C] [D] [E] [F]
12. [A] [B] [C] [D] [E] [F]
13. [A] [B] [C] [D] [E] [F]
14. [A] [B] [C] [D] [E] [F]
15. [A] [B] [C] [D] [E] [F]

16. [A] [B] [C]
17. [A] [B] [C]
18. [A] [B] [C]
19. [A] [B] [C]
20. [A] [B] [C]

二、阅读

21. [✓] [✗]
22. [✓] [✗]
23. [✓] [✗]
24. [✓] [✗]
25. [✓] [✗]

26. [A] [B] [C] [D] [E] [F]
27. [A] [B] [C] [D] [E] [F]
28. [A] [B] [C] [D] [E] [F]
29. [A] [B] [C] [D] [E] [F]
30. [A] [B] [C] [D] [E] [F]

31. [A] [B] [C] [D] [E] [F]
32. [A] [B] [C] [D] [E] [F]
33. [A] [B] [C] [D] [E] [F]
34. [A] [B] [C] [D] [E] [F]
35. [A] [B] [C] [D] [E] [F]

36. [A] [B] [C] [D] [E] [F]
37. [A] [B] [C] [D] [E] [F]
38. [A] [B] [C] [D] [E] [F]
39. [A] [B] [C] [D] [E] [F]
40. [A] [B] [C] [D] [E] [F]

HSK(一级)答题卡

汉语水平考试 HSK 答题卡

——— 请填写考生信息 ———

按照考试证件上的姓名填写:

| 姓名 | |

如果有中文姓名,请填写:

| 中文姓名 | |

考生序号

[0] [1] [2] [3] [4] [5] [6] [7] [8] [9]
[0] [1] [2] [3] [4] [5] [6] [7] [8] [9]
[0] [1] [2] [3] [4] [5] [6] [7] [8] [9]
[0] [1] [2] [3] [4] [5] [6] [7] [8] [9]
[0] [1] [2] [3] [4] [5] [6] [7] [8] [9]

——— 请填写考点信息 ———

考点代码

[0] [1] [2] [3] [4] [5] [6] [7] [8] [9]
[0] [1] [2] [3] [4] [5] [6] [7] [8] [9]
[0] [1] [2] [3] [4] [5] [6] [7] [8] [9]
[0] [1] [2] [3] [4] [5] [6] [7] [8] [9]
[0] [1] [2] [3] [4] [5] [6] [7] [8] [9]
[0] [1] [2] [3] [4] [5] [6] [7] [8] [9]
[0] [1] [2] [3] [4] [5] [6] [7] [8] [9]

国籍

[0] [1] [2] [3] [4] [5] [6] [7] [8] [9]
[0] [1] [2] [3] [4] [5] [6] [7] [8] [9]
[0] [1] [2] [3] [4] [5] [6] [7] [8] [9]

年龄

[0] [1] [2] [3] [4] [5] [6] [7] [8] [9]
[0] [1] [2] [3] [4] [5] [6] [7] [8] [9]

性别   男 [1]   女 [2]

注意   请用2B铅笔这样写:■

一、听力

1. [✓] [✗]   6. [A] [B] [C]   11. [A] [B] [C] [D] [E] [F]   16. [A] [B] [C]
2. [✓] [✗]   7. [A] [B] [C]   12. [A] [B] [C] [D] [E] [F]   17. [A] [B] [C]
3. [✓] [✗]   8. [A] [B] [C]   13. [A] [B] [C] [D] [E] [F]   18. [A] [B] [C]
4. [✓] [✗]   9. [A] [B] [C]   14. [A] [B] [C] [D] [E] [F]   19. [A] [B] [C]
5. [✓] [✗]   10. [A] [B] [C]   15. [A] [B] [C] [D] [E] [F]   20. [A] [B] [C]

二、阅读

21. [✓] [✗]   26. [A] [B] [C] [D] [E] [F]   31. [A] [B] [C] [D] [E] [F]   36. [A] [B] [C] [D] [E] [F]
22. [✓] [✗]   27. [A] [B] [C] [D] [E] [F]   32. [A] [B] [C] [D] [E] [F]   37. [A] [B] [C] [D] [E] [F]
23. [✓] [✗]   28. [A] [B] [C] [D] [E] [F]   33. [A] [B] [C] [D] [E] [F]   38. [A] [B] [C] [D] [E] [F]
24. [✓] [✗]   29. [A] [B] [C] [D] [E] [F]   34. [A] [B] [C] [D] [E] [F]   39. [A] [B] [C] [D] [E] [F]
25. [✓] [✗]   30. [A] [B] [C] [D] [E] [F]   35. [A] [B] [C] [D] [E] [F]   40. [A] [B] [C] [D] [E] [F]

HSK(一级)答题卡

汉语水平考试　ＨＳＫ　答题卡

——— 请填写考生信息 ———

按照考试证件上的姓名填写：

姓名	

如果有中文姓名，请填写：

中文姓名	

考生序号	[0] [1] [2] [3] [4] [5] [6] [7] [8] [9]
	[0] [1] [2] [3] [4] [5] [6] [7] [8] [9]
	[0] [1] [2] [3] [4] [5] [6] [7] [8] [9]
	[0] [1] [2] [3] [4] [5] [6] [7] [8] [9]
	[0] [1] [2] [3] [4] [5] [6] [7] [8] [9]

——— 请填写考点信息 ———

考点代码	[0] [1] [2] [3] [4] [5] [6] [7] [8] [9]
	[0] [1] [2] [3] [4] [5] [6] [7] [8] [9]
	[0] [1] [2] [3] [4] [5] [6] [7] [8] [9]
	[0] [1] [2] [3] [4] [5] [6] [7] [8] [9]
	[0] [1] [2] [3] [4] [5] [6] [7] [8] [9]
	[0] [1] [2] [3] [4] [5] [6] [7] [8] [9]
	[0] [1] [2] [3] [4] [5] [6] [7] [8] [9]

国籍	[0] [1] [2] [3] [4] [5] [6] [7] [8] [9]
	[0] [1] [2] [3] [4] [5] [6] [7] [8] [9]
	[0] [1] [2] [3] [4] [5] [6] [7] [8] [9]

年龄	[0] [1] [2] [3] [4] [5] [6] [7] [8] [9]
	[0] [1] [2] [3] [4] [5] [6] [7] [8] [9]

性别	男 [1]　　女 [2]

注意	请用2B铅笔这样写：■

一、听力

1. [✓] [✗]　　6. [A] [B] [C]　　11. [A] [B] [C] [D] [E] [F]　　16. [A] [B] [C]
2. [✓] [✗]　　7. [A] [B] [C]　　12. [A] [B] [C] [D] [E] [F]　　17. [A] [B] [C]
3. [✓] [✗]　　8. [A] [B] [C]　　13. [A] [B] [C] [D] [E] [F]　　18. [A] [B] [C]
4. [✓] [✗]　　9. [A] [B] [C]　　14. [A] [B] [C] [D] [E] [F]　　19. [A] [B] [C]
5. [✓] [✗]　　10. [A] [B] [C]　　15. [A] [B] [C] [D] [E] [F]　　20. [A] [B] [C]

二、阅读

21. [✓] [✗]　　26. [A] [B] [C] [D] [E] [F]　　31. [A] [B] [C] [D] [E] [F]　　36. [A] [B] [C] [D] [E] [F]
22. [✓] [✗]　　27. [A] [B] [C] [D] [E] [F]　　32. [A] [B] [C] [D] [E] [F]　　37. [A] [B] [C] [D] [E] [F]
23. [✓] [✗]　　28. [A] [B] [C] [D] [E] [F]　　33. [A] [B] [C] [D] [E] [F]　　38. [A] [B] [C] [D] [E] [F]
24. [✓] [✗]　　29. [A] [B] [C] [D] [E] [F]　　34. [A] [B] [C] [D] [E] [F]　　39. [A] [B] [C] [D] [E] [F]
25. [✓] [✗]　　30. [A] [B] [C] [D] [E] [F]　　35. [A] [B] [C] [D] [E] [F]　　40. [A] [B] [C] [D] [E] [F]

新HSK 2급에 대해서

응시 대상
HSK 2급은 매주 2~3시간씩 2학기(80~120시간) 정도의 중국어를 학습하고, 300개의 상용 어휘와 관련 어법 지식을 마스터한 학습자를 대상으로 한다.

시험 내용
HSK 2급은 총 60문제로 듣기/독해 두 영역으로 나뉜다.

시험 내용		문항 수		시험 시간(분)
一、听力(듣기)	第一部分	10	35문항	약 25분
	第二部分	10		
	第三部分	10		
	第四部分	5		
二、阅读(독해)	第一部分	5	25문항	20분
	第二部分	5		
	第三部分	5		
	第四部分	10		
填写答题卡(답안지 작성)				5분
총 계	/	60문항		약 50분

*총 시험 시간은 약 55분이다.(응시자 개인 정보 작성 시간 5분 포함)

성적 결과
HSK 2급 성적표에는 듣기, 독해 두 영역의 점수와 총점이 기재된다.
각 영역별 만점은 100점 만점이며, 총점은 200점 만점이다.

※총점이 120점 이상이면 합격이다.

	满分	你的分数
听力	100	
阅读	100	
总分	200	

시험 유형

1. 听力(듣기)

第一部分

제1부분은 총 10문항이고, 모든 문제는 두 번씩 들려준다. 한 문장을 듣고 그 내용과 시험지 상의 그림이 일치하는지 판단하는 문제이다.

예

Wǒmen jiā yǒu sān ge rén.
我们 家 有 三 个 人。

Wǒ měitiān zuò gōnggòngqìchē qù shàngbān.
我 每天 坐 公共汽车 去 上班。

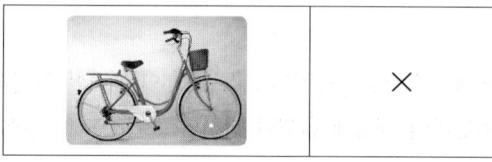

第二部分

제2부분은 총 10문항이고, 모든 문제는 두 번씩 들려준다. 먼저 두 사람의 짧은 대화를 듣고, 그 문장과 일치하는 그림을 찾는 문제이다.

예

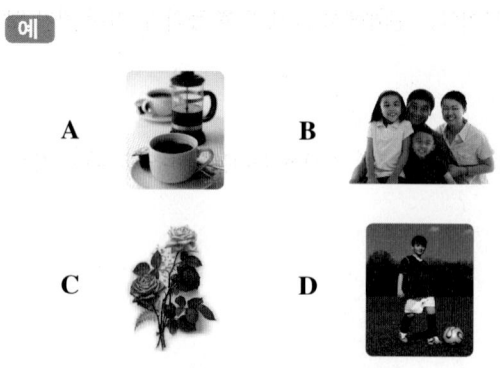

Nǐ xǐhuan shénme yùndòng?
女: 你 喜欢 什么 运动?

Wǒ zuì xǐhuan tī zúqiú.
男: 我 最 喜欢 踢 足球。   D

第三部分

제3부분은 총 10문항이고, 모든 문제는 두 번씩 들려준다. 두 사람의 대화를 들려주고, 그와 관련된 질문을 한다. 시험지에 주어진 3개의 보기 중에서 질문의 답을 고르는 문제이다.

> **예**
>
> 男： Xiǎo Wáng, zhèlǐ yǒu jǐ ge bēizi, nǎge shì nǐ de?
> 小 王, 这里 有 几 个 杯子, 哪个 是 你 的?
>
> 女： Zuǒbian nàge hóngsè de shì wǒ de.
> 左边 那个 红色 的 是 我 的。
>
> 问： Xiǎo Wáng de bēizi shì shénme yánsè de?
> 小 王 的 杯子 是 什么 颜色 的?
>
> A hóngsè 红色 ✓   B hēisè 黑色   C báisè 白色

第四部分

제4부분은 총 5문항이고, 모든 문제는 두 번씩 들려준다. 4~5개의 문장으로 구성된 대화를 들려주고, 그와 관련된 질문을 한다. 시험지에 주어진 3개의 보기 중에서 질문의 답을 고르는 문제이다.

> **예**
>
> 女： Qǐng zài zhèr xiě nín de míngzi.
> 请 在 这儿 写 您 的 名字。
>
> 男： Shì zhèr ma?
> 是 这儿 吗?
>
> 女： Bú shì, shì zhèr.
> 不 是, 是 这儿。
>
> 男： Hǎo, xièxie.
> 好, 谢谢。
>
> 问： Nán de yào xiě shénme?
> 男 的 要 写 什么?
>
> A míngzi 名字 ✓   B shíjiān 时间   C fángjiān hào 房间 号

2. 阅读(독해)

第一部分

제1부분은 총 5문항이다. 주어진 문장과 일치하는 그림을 보기에서 찾는 문제이다.

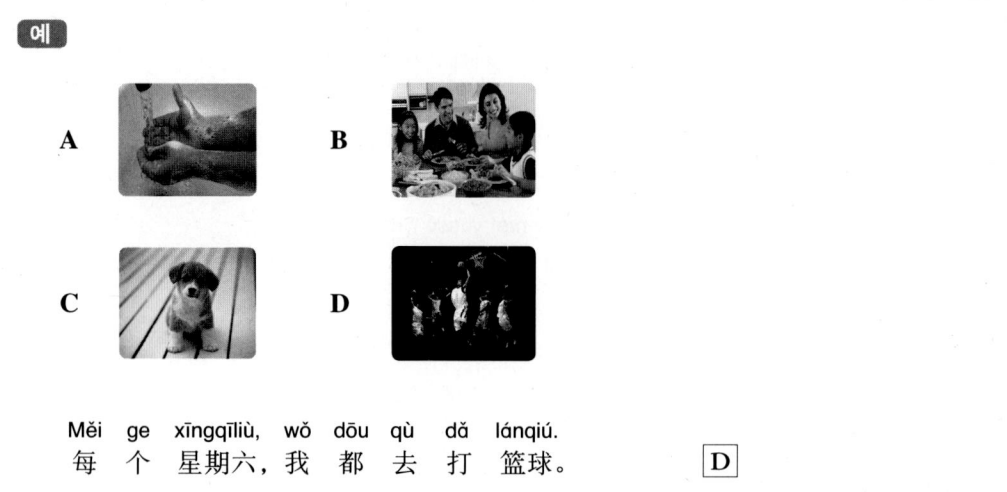

Měi ge xīngqīliù, wǒ dōu qù dǎ lánqiú.
每 个 星期六，我 都 去 打 篮球。   D

第二部分

제2부분은 총 5문항이다. 문제는 1~2개의 문장으로 구성되며, 문장 가운데에 빈칸이 하나 있다. 보기 중에서 빈칸에 들어갈 알맞은 단어를 골라 완전한 문장을 만드는 문제이다.

wǎnshang　　chángchang　　héshì　　yìzhí　　guì　　zhèngzài
A 晚上　　B 尝尝　　C 合适　　D 一直　　E 贵　　F 正在

Zhèr de yángròu hěn hǎochī, dànshì yě hěn ___.
这儿 的 羊肉 很 好吃，但是 也 很（ E ）。

第三部分

제3부분은 총 5문항이다. 각 문제당 2개의 문장이 주어진다. 첫 번째 문장을 읽고, 두 번째 문장이 첫 번째 문장과 일치하는지를 판단하는 문제이다.

예

Xiànzài shì 11 diǎn 30 fēn, tāmen yǐjīng yóule 20 fēnzhōng le.
现在 是 11 点 30 分, 他们 已经 游了 20 分钟 了。

★ Tāmen 11 diǎn 10 fēn kāishǐ yóuyǒng.
★ 他们 11 点 10 分 开始 游泳。　　　　　(✓)

Wǒ huì tiàowǔ, dàn tiào de bù zěnmeyàng.
我 会 跳舞, 但 跳 得 不 怎么样。

★ Wǒ tiào de fēicháng hǎo.
★ 我 跳 得 非常 好。　　　　　　　　　　(✗)

第四部分

제4부분은 총 10문항이고, 주어진 문장을 읽고, 보기에서 그와 상응하는 문장을 고르는 문제이다.

예

A　Wǒ xià ge xīngqī kāishǐ xuéxí yóuyǒng.
　　我 下 个 星期 开始 学习 游泳。

B　Gùshi tài gǎnrén le, wǒ dōu kū le.
　　故事 太 感人 了, 我 都 哭 了。

C　Tāmen zài bīnguǎn kàn fángjiān.
　　他们 在 宾馆 看 房间。

D　Wǒmen shì tóngsuì.
　　我们 是 同岁。

E　Tā zài nǎr ne? Nǐ kànjiàn tā le ma?
　　他 在 哪儿 呢？你 看见 他 了 吗？

F　Jīntiān tài wǎn le, yǐhòu yídìng qù nǐ nàr zuòzuo.
　　今天 太 晚 了, 以后 一定 去 你 那儿 坐坐。

Tā hái zài jiàoshì li xuéxí.
他 还 在 教室 里 学习。　　　　　　　　[E]

시험 진행 과정

1 시험이 시작되면, 감독관이 다음과 같이 말한다.

> 大家好! 欢迎参加HSK二级考试。
> 여러분, 안녕하세요! HSK 2급 시험에 참가하신 것을 환영합니다.

2 감독관은 응시생들에게 아래 사항에 대해 주의를 준다. (이때는 응시생의 모국어나 기타 유효한 방법을 사용할 수 있다.)
(1) 휴대전화의 전원을 끈다.
(2) 수험표와 신분증을 책상 우측 상단에 놓는다.

3 그 후, 감독관은 시험지를 배포한다.

4 시험지 배포 후, 감독관은 응시생들에게 시험지 표지에 기재된 주의 사항을 설명해 준다. (이때는 응시생의 모국어나 기타 유효한 방법을 사용할 수 있다.)

注　意

一、HSK二级分两部分:
　　1. 听力(35题, 约25分钟)
　　2. 阅读(25题, 20分钟)
二、答案先写在试卷上，最后5分钟再写在答题卡上。
三、全部考试约55分钟(含考生填写个人信息时间5分钟)。

5 그 후, 감독관은 다음과 같이 말한다.

> 现在请大家填写答题卡。
> 지금부터 답안지를 작성해 주세요.

감독관은 응시생의 수험표를 참고하여(이때는 응시생의 모국어나 기타 유효한 방법을 사용할 수 있다.) 연필로 답안지에 이름과 국적, 수험 번호, 성별, 고사장 번호, 연령, 화교 여부, 중국어 학습 기간 등을 기재할 것을 지시한다. 이름은 수험표 상의 이름을 기재해야 한다.
화교 응시생이란 부모님 양쪽 혹은 한쪽이 중국인인 응시생을 가리킨다.

6   그 후, 감독관은 다음과 같이 말한다.

   现在开始听力考试。

   지금부터 듣기 시험을 시작하겠습니다.

7   감독관은 듣기 녹음을 방송한다.

8   듣기 시험이 끝난 후, 감독관은 다음과 같이 말한다.

   现在开始阅读考试。考试时间为20分钟。

   지금부터 독해 시험을 시작하겠습니다. 시험 시간은 20분입니다.

9   독해 시험이 5분 남았을 때, 감독관은 다음과 같이 말한다.

   阅读考试时间还有5分钟。

   독해 시험 시간이 5분 남았습니다.

10 독해 시험이 끝난 후, 감독관은 다음과 같이 말한다.

   现在请把答案写在答题卡上，时间为5分钟。

   지금부터 답을 답안지에 기입해 주세요. 시간은 5분입니다.

   감독관은 응시생들에게 답안을 답안지를 적으라고 알려 준다. (이때는 응시생의 모국어나 기타 유효한 방법을 사용할 수 있다.)

11 5분 후, 감독관은 시험지와 답안지를 회수한다.

12 감독관은 시험지와 답안지를 회수한 후, 다음과 같이 말한다.

   考试现在结束。谢谢大家! 再见。

   이것으로 시험을 마치겠습니다. 모두들 수고하셨습니다.

新HSK 모의고사 2级

- 모의고사 1회
- 모의고사 2회
- 모의고사 3회
- 모의고사 4회

新汉语水平考试
HSK（二级）
模拟考试 1

注　意

一、　HSK（二级）分两部分：

　　1. 听力(35题，约 25分钟)

　　2. 阅读(25题，20分钟)

二、　答案先写在试卷上，最后5分钟再写在答题卡上。

三、　全部考试约55分钟(含考生填写个人信息时间5分钟)。

一、听力

第一部分

第1-10题

例如：	(사진)	✓
	(자전거)	✗
1.		
2.		
3.		
4.		

5.		
6.		
7.		
8.		
9.		
10.		

第二部分

第11-15题

A	☕	B	👨‍👩‍👧‍👦
C	🌹	D	⚽
E	🏦	F	🎬

Nǐ xǐhuan shénme yùndòng?
例如： 女： 你 喜欢 什么 运动？

Wǒ zuì xǐhuan tī zúqiú.
男： 我 最 喜欢 踢 足球。   D

11.

12.

13.

14.

15.

第16-20题

A

B

C

D

E

16. ☐

17. ☐

18. ☐

19. ☐

20. ☐

第三部分

第21-30题

例如： 男： Xiǎo Wáng, zhèlǐ yǒu jǐ ge bēizi, nǎge shì nǐ de?
　　　　　小 王， 这里 有 几 个 杯子， 哪个 是 你 的？

　　　　女： Zuǒbian nàge hóngsè de shì wǒ de.
　　　　　左边 那个 红色 的 是 我 的。

　　　　问： Xiǎo Wáng de bēizi shì shénme yánsè de?
　　　　　小 王 的 杯子 是 什么 颜色 的？

　　　A hóngsè 红色 ✓　　　B hēisè 黑色　　　C báisè 白色

21. A xīngqīwǔ 星期五　　　B xīngqīliù 星期六　　　C xīngqīrì 星期日

22. A jiā li 家里　　　B yīyuàn 医院　　　C yàofáng 药房

23. A nán de 男的　　　B nán de de māma 男的的妈妈　　　C péngyou 朋友

24. A qù Shànghǎi 去上海　　　B shēntǐ bù hǎo 身体不好　　　C bù xiǎng qù 不想去

25. A dà de fángjiān 大的房间　　　B xiǎo de fángjiān 小的房间　　　C bù qīngchu 不清楚

26. A 家里 jiā li B 办公室 bàngōngshì C 教室 jiàoshì

27. A 很容易 hěn róngyì B 很难 hěn nán C 不太难 bú tài nán

28. A 写完了 xiě wán le B 刚写一点儿 gāng xiě yìdiǎnr C 还差一点儿 hái chà yìdiǎnr

29. A 很喜欢 hěn xǐhuan B 不喜欢 bù xǐhuan C 想吃一点儿 xiǎng chī yìdiǎnr

30. A 还没来 hái méi lái B 来过 láiguo C 来了 lái le

第四部分

第31-35题

例如： 女： Qǐng zài zhèr xiě nín de míngzi.
请 在 这儿 写 您 的 名字。

男： Shì zhèr ma?
是 这儿 吗？

女： Bú shì, shì zhèr.
不 是，是 这儿。

男： Hǎo, xièxie.
好，谢谢。

问： Nán de yào xiě shénme?
男 的 要 写 什么？

A míngzi 名字 ✓   B shíjiān 时间   C fángjiān hào 房间 号

31. A kāichē 开车   B zuò dìtiě 坐 地铁   C zǒulù 走路

32. A xīn chē 新 车   B xīn fángzi 新 房子   C xīn yīfu 新 衣服

33. A Lǎo Wáng 老 王   B nán de 男 的   C nǚ de 女 的

34. A kàn diànyǐng 看 电影   B xiě zuòyè 写 作业   C xiūxi 休息

35. A diànhuà 电话   B diànshì 电视   C diànnǎo 电脑

二、阅读

第一部分

第36-40题

A	B
C	D
E	F

　　　　　Měi ge xīngqīliù, wǒ dōu qù dǎ lánqiú.
例如：每 个 星 期 六，我 都 去 打 篮 球。　　　D

　　　Zǎoshang wǒ zài yóujú kànjiàn le Lìli.
36. 早 上 我 在 邮 局 看 见 了 莉 莉。

　　　Xiǎogǒu shì rén de hǎo péngyou.
37. 小 狗 是 人 的 好 朋 友。

　　　Nǐ néng bāng wǒ mǎi yí fèn bàozhǐ ma?
38. 你 能 帮 我 买 一 份 报 纸 吗？

　　　Háizi zhèngzài xǐshǒu.
39. 孩 子 正 在 洗 手。

　　　Xiǎo Míng, chīfàn de shíhou bié shuōhuà!
40. 小 明，吃 饭 的 时 候 别 说 话！

第二部分

第41-45题

A 晚上 (wǎnshang)　B 一些 (yìxiē)　C 穿 (chuān)　D 什么 (shénme)　E 贵 (guì)　F 正在 (zhèngzài)

例如：这儿 的 羊肉 很 好吃，但是 也 很（ E ）。
(Zhèr de yángròu hěn hǎochī, dànshì yě hěn _____.)

41. 我 昨天 下午 在 家 看 电视，（　）地方 都 没 去。
(Wǒ zuótiān xiàwǔ zài jiā kàn diànshì, _____ dìfang dōu méi qù.)

42. （　）去 小 李 的 饭店 吃 吧，他 都 请 咱们 好 几 次 了。
(_____ qù Xiǎo Lǐ de fàndiàn chī ba, tā dōu qǐng zánmen hǎo jǐ cì le.)

43. 你（　）这 件 衣服 很 好看。
(Nǐ _____ zhè jiàn yīfu hěn hǎokàn.)

44. 我 去 他 家 的 时候，他（　）写 作业 呢。
(Wǒ qù tā jiā de shíhou, tā _____ xiě zuòyè ne.)

45. 我 买 了（　）水果，你 尝 一下。
(Wǒ mǎile _____ shuǐguǒ, nǐ cháng yíxià.)

第三部分

第46-50题

例如：现在是 11 点 30 分，他们已经游了 20 分钟了。

★ 他们 11 点 10 分开始游泳。　　　　　　　（ ✓ ）

我会跳舞，但跳得不怎么样。

★ 我跳得非常好。　　　　　　　　　　　　　（ ✗ ）

46. 我下午有事，所以不能和你去公园。

★ 我下午不能去公园。　　　　　　　　　　　（ 　 ）

47. 他买了三个苹果，一个香蕉，没买西瓜。

★ 他买了三种水果。　　　　　　　　　　　　（ 　 ）

48. 弟弟和我一样高，但是比我胖多了。

★ 弟弟比我胖。　　　　　　　　　　　　　　（ 　 ）

49. 他 坐 在 椅子 上 看 书，旁边 的 桌子 上 放着 咖啡。

★ 他 正在 看 书。　　　　　　　　　　（　　）

50. 你 去 办公室，把 这 本 书 借 给 杨 老师。

★ 这 是 杨 老师 的 书。　　　　　　　　（　　）

第四部分

第51-55题

A　我 下 个 星期 开始 学习 游泳。

B　很 有意思，我 想 再 看 一 遍。

C　他们 在 宾馆 看 房间。

D　我们 是 同岁。

E　他 在 哪儿 呢？你 看见 他 了 吗？

F　今天 太 晚 了，以后 一定 去 你 那儿 坐坐。

例如：他 还 在 教室 里 学习。　　E

51. 昨天 的 电影 怎么样？　□

52. 这 是 非常 好 的 运动。　□

53. 这个 房间 小 一点儿，但是 很 便宜，我们 就 住 这儿 吧。　□

54. 你 看，三 楼 亮着 灯 的 房间 就是 我 的。　□

55. 我 是 1992 年 6 月 出生 的，应该 是 你 的 哥哥 吧。　□

第56-60题：

A　　Qǐng zhèbiān zuò, zhè shì càidān, qǐng nín diǎn cài.
　　请 这边 坐，这 是 菜单，请 您 点 菜。

B　　Nàge dìfang hěn jìn, zuò chūzūchē wǔ fēnzhōng jiù dào le.
　　那个 地方 很 近，坐 出租车 5 分钟 就 到 了。

C　　Zhège gāo a, yígòng duōshao céng a?
　　这个 高 啊，一共 多少 层 啊？

D　　Dàjiā hǎo! Xīwàng nǐmen nǔlì xuéxí.
　　大家 好！希望 你们 努力 学习。

E　　Jīntiān de tiānqì bú tài hǎo.
　　今天 的 天气 不 太 好。

56.　Wàimian xià yǔ le.
　　　外面 下 雨 了。　　□

57.　Xīn lái de lǎoshī hěn rènzhēn.
　　　新 来 的 老师 很 认真。　　□

58.　Shíjiān hái zǎo, wǒmen zǒuzhe qù ba, yìbiān zǒu, yìbiān liáotiānr.
　　　时间 还 早，我们 走着 去 吧，一边 走，一边 聊天儿。　　□

59.　Wǒmen dìyī cì lái, nín gěi jièshào jièshào.
　　　我们 第一 次 来，您 给 介绍介绍。　　□

60.　Yīyuàn zuǒbian nàge báisè de gāolóu jiùshì nǐ de gōngsī ma?
　　　医院 左边 那个 白色 的 高楼 就是 你 的 公司 吗？　　□

新汉语水平考试
HSK（二级）
模拟考试 2

注　　意

一、 HSK（二级）分两部分：

　　1. 听力(35题，约 25分钟)

　　2. 阅读(25题，20分钟)

二、 答案先写在试卷上，最后5分钟再写在答题卡上。

三、 全部考试约55分钟(含考生填写个人信息时间5分钟)。

一、听力
第一部分

第1-10题

例如：	[사람들 이미지]	✓
	[자전거 이미지]	✕
1.	[운동화 이미지]	
2.	[마이크를 든 남자 이미지]	
3.	[악기 연주 이미지]	
4.	[공항 이미지]	

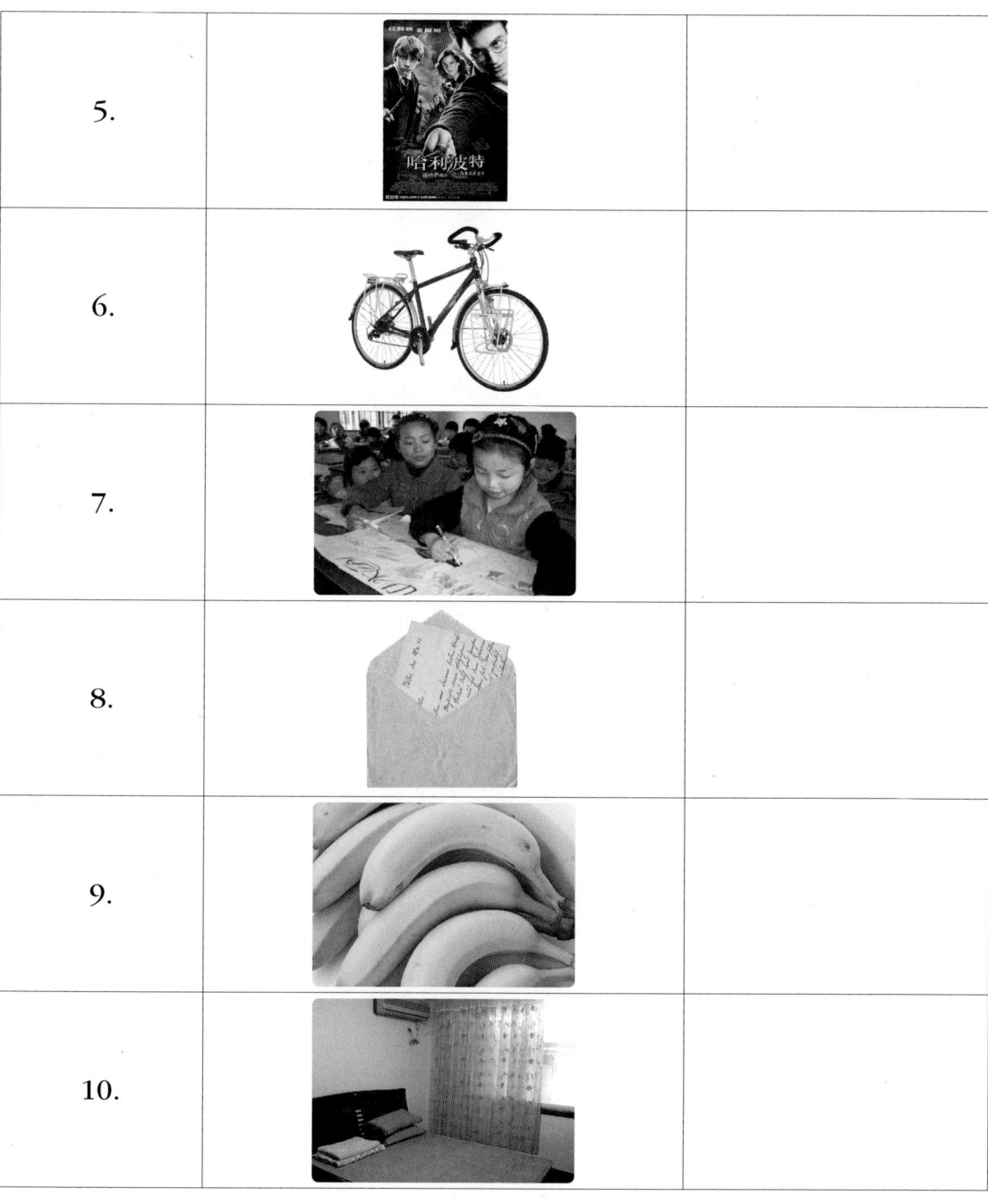

第二部分

第11-15题

A

B

C

D

E

F

例如： 女： Nǐ xǐhuan shénme yùndòng?
　　　　 你 喜欢 什么 运动？

　　　 男： Wǒ zuì xǐhuan tī zúqiú.
　　　　 我 最 喜欢 踢 足球。　　　　　　D

11.

12.

13.

14.

15.

第16-20题

A

B

C

D

E

16. ☐

17. ☐

18. ☐

19. ☐

20. ☐

第三部分

第21-30题

例如： 男： Xiǎo Wáng, zhèlǐ yǒu jǐ ge bēizi, nǎge shì nǐ de?
　　　　 小 王， 这里 有 几 个 杯子，哪个 是 你 的？

　　　　女： Zuǒbian nàge hóngsè de shì wǒ de.
　　　　　　左边 那个 红色 的 是 我 的。

　　　　问： Xiǎo Wáng de bēizi shì shénme yánsè de?
　　　　　　小 王 的 杯子 是 什么 颜色 的？

　　　A hóngsè 红色 ✓　　　B hēisè 黑色　　　C báisè 白色

21. A kàn diànyǐng 看 电影　　　B chīfàn 吃饭　　　C qù gōngyuán 去 公园

22. A kàn shū 看 书　　　B dǎ yóuxì 打 游戏　　　C kàn diànshì 看 电视

23. A shǒubiǎo 手表　　　B huā 花　　　C shū 书

24. A méi chīguo 没 吃过　　　B chīguo 吃过　　　C bù zhīdào 不 知道

25. A hěn rè 很 热　　　B hěn lěng 很 冷　　　C hěn nuǎnhuo 很 暖和

26. **A** 售货员 (shòuhuòyuán) **B** 老师 (lǎoshī) **C** 医生 (yīshēng)

27. **A** 韩国人 (Hánguórén) **B** 美国人 (Měiguórén) **C** 日本人 (Rìběnrén)

28. **A** 4:00 (sì diǎn) **B** 5:30 (wǔ diǎn sānshí fēn) **C** 5:00 (wǔ diǎn)

29. **A** 很好 (hěn hǎo) **B** 不太好 (bú tài hǎo) **C** 不会打 (bú huì dǎ)

30. **A** 妈妈 (māma) **B** 朋友 (péngyou) **C** 丈夫 (zhàngfu)

第四部分

第31-35题

例如： 女： Qǐng zài zhèr xiě nín de míngzi.
请 在 这儿 写 您 的 名字。

男： Shì zhèr ma?
是 这儿 吗？

女： Bú shì, shì zhèr.
不 是，是 这儿。

男： Hǎo, xièxie.
好，谢谢。

问： Nán de yào xiě shénme?
男 的 要 写 什么？

A míngzi 名字 ✓　　　B shíjiān 时间　　　C fángjiān hào 房间 号

31. A gōnggòngqìchē 公共汽车　　　B zìxíngchē 自行车　　　C huǒchē 火车

32. A nǚ de 女 的　　　B nǚ de de mèimei 女 的 的 妹妹　　　C nán de de mèimei 男 的 的 妹妹

33. A hóngsè 红色　　　B báisè 白色　　　C lánsè 蓝色

34. A 25 suì 25岁　　　B 26 suì 26岁　　　C 33 suì 33岁

35. A 1 cì 1次　　　B 2 cì 2次　　　C 3 cì 3次

二、阅读

第一部分

第36-40题

A

B

C

D

E

F

	Měi ge xīngqīliù, wǒ dōu qù dǎ lánqiú.	
例如:	每 个 星期六，我 都 去 打 篮球。	D

36. Tā de zhuōzi shang yǒu yí ge diànnǎo hé yí ge diànhuà.
她 的 桌子 上 有 一 个 电脑 和 一 个 电话。

37. Wǒ juéde, zhè zhǒng jiǔ hěn hǎohē.
我 觉得，这 种 酒 很 好喝。

38. Zhōngguórén jiéhūn de shíhou xǐhuan chuān hóngsè de yīfu.
中国人 结婚 的 时候 喜欢 穿 红色 的 衣服。

39. Yīnwèi yǒu hěn duō gōngzuò yào zuò, suǒyǐ tā wǎndiǎnr huíjiā.
因为 有 很 多 工作 要 做，所以 他 晚点儿 回家。

40. Hěn duō Zhōngguórén měitiān zǎoshang zài gōngyuán zuò yùndòng.
很 多 中国人 每天 早上 在 公园 做 运动。

第二部分

第41-45题

A 幸福（xìngfú）　B 做（zuò）　C 一本（yì běn）　D 有（yǒu）　E 贵（guì）　F 介绍（jièshào）

例如：这儿的羊肉很好吃，但是也很（ E ）。

41. 教室后面的墙上（　）一幅画。

42. 我想（　）一下我们公司。

43. 星期日的时候，你常常（　）什么？

44. 他们结婚了，生活很（　）。

45. 他昨天去书店买了（　）词典。

第三部分

第46-50题

例如:
Xiànzài shì 11 diǎn 30 fēn, tāmen yǐjīng yóule 20 fēnzhōng le.
现在 是 11 点 30 分, 他们 已经 游了 20 分钟 了。

Tāmen 11 diǎn 10 fēn kāishǐ yóuyǒng.
★ 他们 11 点 10 分 开始 游泳。　　　　　(✓)

Wǒ huì tiàowǔ, dàn tiào de bù zěnmeyàng.
我 会 跳舞, 但 跳 得 不 怎么样。

Wǒ tiào de fēicháng hǎo.
★ 我 跳 得 非常 好。　　　　　　　　　(✗)

46. Wǒ zài chē shang, hěn kuài jiù dào xuéxiào le.
我 在 车 上, 很 快 就 到 学校 了。

Wǒ dào xuéxiào le.
★ 我 到 学校 了。　　　　　　　　　　( )

47. Tā yǐjīng zài zhèr gōngzuò jǐ shí nián le, hěn yǒu jīngyàn.
他 已经 在 这儿 工作 几 十 年 了, 很 有 经验。

Tā yǒu hěn duō jīngyàn.
★ 他 有 很 多 经验。　　　　　　　　　( )

48. Tā shuō de tài kuài le, wǒ méi tīng dǒng tā de huà.
他 说 得 太 快 了, 我 没 听 懂 他 的 话。

Tā shuō de huà wǒ tīng bù dǒng.
★ 他 说 的 话 我 听 不 懂。　　　　　　( )

49. 请 您 走 右边 入口，这里 是 出口，只 能 出，不 能 进。

★ 这儿 也 可以 进去。　　　　　　　　　（　　）

50. 什么？只 学了 一 年 汉语 就 说 得 这么 好，他 也 太 聪明 了。

★ 他 学了 一 年 汉语。　　　　　　　　　（　　）

第四部分

第51-55题

A 人不太多，是一个安静的地方。

B 他一个人在国外一定有很多不习惯的地方。

C 会不会打扰别人休息呀？

D 桌子上什么都没有。

E 他在哪儿呢？你看见他了吗？

F 我们家的绿茶不多了，去看看吧。

例如：他还在教室里学习。   E

51. 她天天练习弹钢琴，常常练习到很晚。

52. 这个商店正在打折。

53. 我儿子已经到了，他说吃的东西不习惯，其他都好。

54. 我出生在南方的一个小城市。

55. 杯子在桌子上，你自己倒点儿可口可乐吧。

第56-60题：

A Wǒ kàn nàge nánháir búcuò, gèzi gāogāo de, zhǎng de yòu shuài.
   我 看 那个 男孩儿 不错，个子 高高 的，长 得 又 帅。

B Kōngqì de zhìliàng bù hǎo, yòu bú shì wǒ de cuò.
   空气 的 质量 不 好，又 不 是 我 的 错。

C Nǐ zhème yì chuān, wǒ dōu bú rènshi nǐ le.
   你 这么 一 穿，我 都 不 认识 你 了。

D Tā zuò chūzūchē huíjiā.
   他 坐 出租车 回家。

E Chūnjié yào hé quán jiārén dōu zài yìqǐ guò, bié chūqù le.
   春节 要 和 全 家人 都 在 一起 过，别 出去 了。

56. Xiànzài tài wǎn le, méiyǒu gōnggòngqìchē le.
    现在 太 晚 了，没有 公共汽车 了。

57. Yǐhòu zài yě bù gěi nǐ mǎi báisè de yīfu le, bàntiān jiù zāng le.
    以后 再 也 不 给 你 买 白色 的 衣服 了，半天 就 脏 了。

58. Wǒ chuān zhè jiàn yīfu piàoliang ma?
    我 穿 这 件 衣服 漂亮 吗？

59. Tā yídìng yào hé tā jiéhūn.
    她 一定 要 和 他 结婚。

60. Chūnjié de shíhou wǒ xiǎng qù lǚyóu.
    春节 的 时候 我 想 去 旅游。

新汉语水平考试
HSK（二级）
模拟考试 3

注　意

一、　HSK（二级）分两部分：

　　1. 听力(35题，约 25分钟)

　　2. 阅读(25题，20分钟)

二、　答案先写在试卷上，最后5分钟再写在答题卡上。

三、　全部考试约55分钟(含考生填写个人信息时间5分钟)。

一、听力

第一部分

第1-10题

例如：		✓
		×
1.		
2.		
3.		
4.		

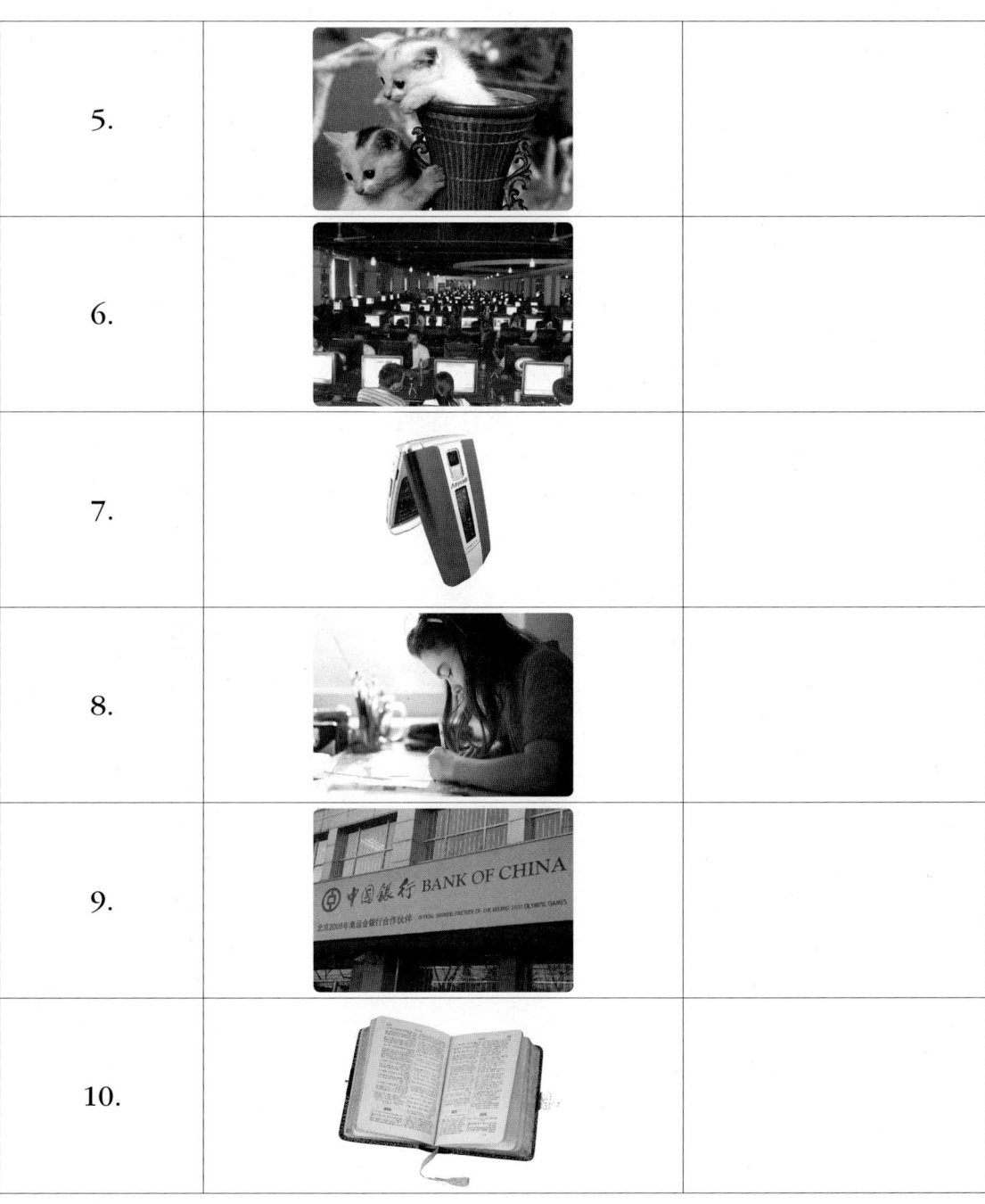

第二部分

第11-15题

A

B

C

D

E

F

例如： 女： Nǐ xǐhuan shénme yùndòng?
你 喜欢 什么 运动?

男： Wǒ zuì xǐhuan tī zúqiú.
我 最 喜欢 踢 足球。   D

11.

12.

13.

14.

15.

第16-20题

A

B

C

D

E

16. ☐

17. ☐

18. ☐

19. ☐

20. ☐

第三部分

第21-30题

例如： 男： Xiǎo Wáng, zhèlǐ yǒu jǐ ge bēizi, nǎge shì nǐ de?
　　　　 小 王，这里 有 几 个 杯子，哪个 是 你 的？

　　　 女： Zuǒbian nàge hóngsè de shì wǒ de.
　　　　 左边 那个 红色 的 是 我 的。

　　　 问： Xiǎo Wáng de bēizi shì shénme yánsè de?
　　　　 小 王 的 杯子 是 什么 颜色 的？

　　　 A hóngsè 红色 ✓　　　B hēisè 黑色　　　C báisè 白色

21.　A chūchāi 出差　　　B xuéxí 学习　　　C lǚyóu 旅游

22.　A nǚ de 女 的　　　B Xiǎo Dōng 小 东　　　C nán de 男 的

23.　A nán de 男 的　　　B nǚ de 女 的　　　C dōu bù zhīdào 都 不 知道

24.　A xìn 信　　　B lǐwù 礼物　　　C yí ge rén 一 个 人

25.　A diànyǐng 电影　　　B diànshì 电视　　　C zúqiú 足球

26. **A** 看新闻 (kàn xīnwén)　　**B** 聊天儿 (liáotiānr)　　**C** 去上班 (qù shàngbān)

27. **A** 空气很好 (kōngqì hěn hǎo)　　**B** 不安静 (bù ānjìng)　　**C** 空气不太好 (kōngqì bú tài hǎo)

28. **A** 警察 (jǐngchá)　　**B** 售货员 (shòuhuòyuán)　　**C** 老师 (lǎoshī)

29. **A** 机场 (jīchǎng)　　**B** 商店 (shāngdiàn)　　**C** 市场 (shìchǎng)

30. **A** 白色 (báisè)　　**B** 黑色 (hēisè)　　**C** 红色 (hóngsè)

第四部分

第31-35题

例如： 女： Qǐng zài zhèr xiě nín de míngzi.
请 在 这儿 写 您 的 名字。

男： Shì zhèr ma?
是 这儿 吗？

女： Bú shì, shì zhèr.
不 是，是 这儿。

男： Hǎo, xièxie.
好，谢谢。

问： Nán de yào xiě shénme?
男 的 要 写 什么？

A míngzi 名字 ✓   B shíjiān 时间   C fángjiān hào 房间 号

31. A bú qù shāngdiàn 不 去 商店   B qù shāngdiàn 去 商店   C bù mǎi yīfu 不 买 衣服

32. A guì de 贵 的   B piányi de 便宜 的   C bù zhīdào 不 知道

33. A xīngqīwǔ 星期五   B xīngqīsān 星期三   C xīngqīyī 星期一

34. A péngyou 朋友   B zhàngfu 丈夫   C mèimei 妹妹

35. A shūbāo 书包   B cídiǎn 词典   C Liàngliang 亮亮

二、阅读

第一部分

第36-40题

A	[图：公共汽车]	B	[图：听音乐的女孩]
C	[图：苹果树]	D	[图：打篮球]
E	[图：一碗米饭]	F	[图：做饭的妈妈]

　　　　　Měi ge xīngqīliù, wǒ dōu qù dǎ lánqiú.
例如：每 个 星期六，我 都 去 打 篮球。　　　　D

　　　　Māma zhèngzài zuò fàn ne.
36. 妈妈 正在 做 饭 呢。

　　　　Tā xǐhuan tīng Zhōngguó gē.
37. 她 喜欢 听 中国 歌。

　　　　Xuéxiào de dōngbian yǒu yì kē píngguǒ shù.
38. 学校 的 东边 有 一 棵 苹果 树。

　　　　Wǒ zuò gōnggòngqìchē qù shàngbān.
39. 我 坐 公共汽车 去 上班。

　　　　Tāmen jiā měitiān dōu chī mǐfàn.
40. 他们 家 每天 都 吃 米饭。

第二部分

第41-45题

	yìqǐ		xuéguo		yīnwèi		cóng		guì		yǐjīng
A	一起	B	学过	C	因为	D	从	E	贵	F	已经

例如： Zhèr de yángròu hěn hǎochī, dànshì yě hěn ___.
这儿 的 羊肉 很 好吃，但是 也 很（ E ）。

41. Wǒ ___ kànle zhège diànyǐng.
    我（ ）看了 这个 电影。

42. ___ xià yǔ, suǒyǐ tāmen méi qù tī zúqiú.
    （ ）下 雨，所以 他们 没 去 踢 足球。

43. Tā hé lǎoshī ___ qù yīyuàn.
    他 和 老师（ ）去 医院。

44. ___ nǐ jiā dào xuéxiào yuǎn ma?
    （ ）你 家 到 学校 远 吗？

45. Gēge zài Zhōngguó ___ Hànyǔ.
    哥哥 在 中国（ ）汉语。

第三部分

第46-50题

例如：
Xiànzài shì diǎn fēn, tāmen yǐjīng yóule fēnzhōng le.
现在 是 11 点 30 分，他们 已经 游了 20 分钟 了。

Tāmen diǎn fēn kāishǐ yóuyǒng.
★ 他们 11 点 10 分 开始 游泳。　　　　　　　　（ ✓ ）

Wǒ huì tiàowǔ, dàn tiào de bù zěnmeyàng.
我 会 跳舞，但 跳 得 不 怎么样。

Wǒ tiào de fēicháng hǎo.
★ 我 跳 得 非常 好。　　　　　　　　　　　　　（ ✗ ）

46. Dàjiā dōu shuō tā de Hànyǔ hěn hǎo, kěshì tā shuō hái chà de yuǎn.
大家 都 说 他 的 汉语 很 好，可是 他 说 还 差 得 远。

Tā shuō tā de Hànyǔ bù hǎo.
★ 他 说 他 的 汉语 不 好。　　　　　　　　　　（　　）

47. Běijīng de dōngtiān huì hěn lěng, nǐ lái de shíhou duō chuān yīfu.
北京 的 冬天 会 很 冷，你 来 的 时候 多 穿 衣服。

Nǐ lái de shíhou bú yào duō chuān yīfu.
★ 你 来 的 时候 不 要 多 穿 衣服。　　　　　　（　　）

48. Tā mǎile nà jiàn yīfu, yīnwèi yòu piányi yòu piàoliang.
他 买了 那 件 衣服，因为 又 便宜 又 漂亮。

Nà jiàn yīfu bú guì.
★ 那 件 衣服 不 贵。　　　　　　　　　　　　　（　　）

49. Zhèbiān dǎ diànhuà de shì wǒ de zhàngfu.
    这边 打 电话 的 是 我 的 丈夫。

    Zhàngfu zài dǎ diànhuà ne.
    ★ 丈夫 在 打 电话 呢。　　　　　　　　　　（　　）

50. Tā de Hànzì xiě de zhēn piàoliang.
    他 的 汉字 写 得 真 漂亮。

    Tā bú huì xiě Hànzì.
    ★ 他 不 会 写 汉字。　　　　　　　　　　　（　　）

第四部分

第51-55题

A 他 不 喜欢 和 我们 一起 打 篮球。

B 你 喜欢 旅游，可能 去过 不 少 地方 吧？

C 我 认识 那个 孩子，他 就 住 在 我们 对面 的。

D 对不起，是 我 看 错 了 时间。

E 他 在 哪儿 呢？你 看见 他 了 吗？

F 这里 的 环境 很 美。

例如： 他 还 在 教室 里 学习。　　E

51. 这 是 明天 的 火车 票。　　☐

52. 这 本 书 是 中学生 写 的，真 不错！　　☐

53. 有 很 多 绿树、小草 和 鲜花。　　☐

54. 他 每天 一 个 人 跑步。　　☐

55. 我 去过 北京、上海 等 很 多 地方。　　☐

第56-60题：

A　Zhōngguórén xǐhuan chī jiǎozi.
　　中国人 喜欢 吃 饺子。

B　Tā gèzi gāo, dǎ lánqiú yídìng hěn hǎo.
　　他 个子 高，打 篮球 一定 很 好。

C　Nǐmen yào xiàng zuǒbian zǒu.
　　你们 要 向 左边 走。

D　Tiānqì yùbào shuō yǒu yǔ, nǐ dài yǔsǎn ba.
　　天气 预报 说 有 雨，你 带 雨伞 吧。

E　Wǒ kàn, nǐmen shì hěn hǎo de péngyou.
　　我 看，你们 是 很 好 的 朋友。

56. Nà kě bù yídìng a, děi kànguo le cái zhīdào.
　　 那 可 不 一定 啊，得 看过 了 才 知道。　□

57. Bú dài le, tiān zhème qíng, nǎli xià de yǔ ya.
　　 不 带 了，天 这么 晴，哪里 下 的 雨 呀。　□

58. Wǒmen shì tóngxué, chángcháng zài yìqǐ.
　　 我们 是 同学， 常常 在 一起。　□

59. Zài shāngdiàn li kěyǐ mǎi dào, yě kěyǐ zìjǐ bāo.
　　 在 商店 里 可以 买 到，也 可以 自己 包。　□

60. Wǒmen yào qù huǒchēzhàn, qǐngwèn zěnme zǒu?
　　 我们 要 去 火车站， 请问 怎么 走？　□

新汉语水平考试
HSK（二级）
模拟考试 4

注　意

一、　HSK（二级）分两部分：

　　1. 听力(35题，约 25分钟)

　　2. 阅读(25题，20分钟)

二、　答案先写在试卷上，最后5分钟再写在答题卡上。

三、　全部考试约55分钟(含考生填写个人信息时间5分钟)。

一、听力
第一部分

第1-10题

例如：	(图)	✓
	(自行车)	✗
1.		
2.		
3.		
4.		

5.		
6.		
7.		
8.		
9.		
10.		

第二部分

第11-15题

A [雨伞图片]

B [韩国国旗图片]

C [病人图片]

D [足球运动图片]

E [苹果图片]

F [女孩笑脸图片]

例如： 女： Nǐ xǐhuan shénme yùndòng?
　　　　　你 喜欢 什么 运动?

　　　 男： Wǒ zuì xǐhuan tī zúqiú.
　　　　　我 最 喜欢 踢 足球。　　　D

11.

12.

13.

14.

15.

第16-20题

A

B

C

D

E

16. ☐
17. ☐
18. ☐
19. ☐
20. ☐

第三部分

第21-30题

例如：
男： Xiǎo Wáng, zhèlǐ yǒu jǐ ge bēizi, nǎge shì nǐ de?
小 王， 这里 有 几 个 杯子，哪个 是 你 的？

女： Zuǒbian nàge hóngsè de shì wǒ de.
左边 那个 红色 的 是 我 的。

问： Xiǎo Wáng de bēizi shì shénme yánsè de?
小 王 的 杯子 是 什么 颜色 的？

A 红色 hóngsè ✓   B 黑色 hēisè   C 白色 báisè

21. A 家里 jiā li   B 商店 shāngdiàn   C 饭店 fàndiàn

22. A 坐 公共汽车 zuò gōnggòngqìchē   B 坐 火车 zuò huǒchē   C 坐 出租车 zuò chūzūchē

23. A 喜欢 xǐhuan   B 不 喜欢 bù xǐhuan   C 不 知道 bù zhīdào

24. A 有 孩子 yǒu háizi   B 没有 孩子 méiyǒu háizi   C 结婚 了 jiéhūn le

25. A 学校 xuéxiào   B 宾馆 bīnguǎn   C 医院 yīyuàn

26. A 14号 (shísì hào)　　B 15号 (shíwǔ hào)　　C 16号 (shíliù hào)

27. A 吃苹果好 (chī píngguǒ hǎo)　　B 吃西瓜好 (chī xīguā hǎo)　　C 吃什么都好 (chī shénme dōu hǎo)

28. A 昨天 (zuótiān)　　B 今天 (jīntiān)　　C 明天 (míngtiān)

29. A 有牛奶 (yǒu niúnǎi)　　B 没有牛奶 (méiyǒu niúnǎi)　　C 不知道 (bù zhīdào)

30. A 能考上 (néng kǎoshàng)　　B 不能考上 (bù néng kǎoshàng)　　C 每天学习 (měitiān xuéxí)

第四部分

第31-35题

例如： 女： Qǐng zài zhèr xiě nín de míngzi.
　　　　　请 在 这儿 写 您 的 名字。

　　　男： Shì zhèr ma?
　　　　　是 这儿 吗？

　　　女： Bú shì, shì zhèr.
　　　　　不 是，是 这儿。

　　　男： Hǎo, xièxie.
　　　　　好，谢谢。

　　　问： Nán de yào xiě shénme?
　　　　　男 的 要 写 什么？

　　A míngzi 名字 ✓　　　B shíjiān 时间　　　C fángjiān hào 房间 号

31. A xiàtiān bù huíjiā 夏天 不 回家　　B dōngtiān bù huíjiā 冬天 不 回家　　C měitiān huíjiā 每天 回家

32. A mǎi zìxíngchē 买 自行车　　B zuò qìchē 坐 汽车　　C xiū zìxíngchē 修 自行车

33. A xiě xìn 写 信　　B xiě zuòyè 写 作业　　C xiě zì 写 字

34. A qù shāngdiàn 去 商店　　B qù mǎi dōngxi 去 买 东西　　C qù kàn nǎinai 去 看 奶奶

35. A míngtiān kàn diànshì 明天 看 电视　　B míngtiān xiě zuòyè 明天 写 作业　　C míngtiān qù xuéxiào 明天 去 学校

二、阅读

第一部分

第36-40题

A

B

C

D

E

F

例如：Měi ge xīngqīliù, wǒ dōu qù dǎ lánqiú.
每 个 星期六，我 都 去 打 篮球。　　D

36. Yīshēng ràng tā duō xiūxi, zhèyàng cái néng bù shēngbìng.
医生 让 她 多 休息，这样 才 能 不 生病。

37. Kāfēi duì shēntǐ bù hǎo, bú yào hē tài duō.
咖啡 对 身体 不 好，不 要 喝 太 多。

38. Tā dào le jīchǎng cái zhīdào, jīpiào méiyǒu le.
他 到 了 机场 才 知道，机票 没有 了。

39. Shāngdiàn li yǒu hěn duō shuǐguǒ, wǒ dōu xiǎng chī.
商店 里 有 很 多 水果，我 都 想 吃。

40. Zài xuéxiào li, tóngxuémen kěyǐ yòng shǒujī dǎ diànhuà.
在 学校 里，同学们 可以 用 手机 打 电话。

第二部分

第41-45题

A 请　　B 为什么　　C 笑着　　D 觉得　　E 贵　　F 北京

例如：这儿的羊肉很好吃，但是也很（ E ）。

41. 她（　　）说"你好！"。

42. 杨老师明天（　　）客人到自己家吃饭。

43. 很多中国人都希望到（　　）看一看。

44. 这个中国茶我（　　）很好喝。

45. 现在已经很晚了，孩子（　　）不回家？

第三部分

第46-50题

例如：
Xiànzài shì 11 diǎn 30 fēn, tāmen yǐjīng yóule 20 fēnzhōng le.
现在 是 11 点 30 分，他们 已经 游了 20 分钟 了。

　　　Tāmen 11 diǎn 10 fēn kāishǐ yóuyǒng.
★ 他们 11 点 10 分 开始 游泳。　　　　　　　(✓)

　　　Wǒ huì tiàowǔ, dàn tiào de bù zěnmeyàng.
　　　我 会 跳舞，但 跳 得 不 怎么样。

　　　Wǒ tiào de fēicháng hǎo.
★ 我 跳 得 非常 好。　　　　　　　　　　　(✗)

46. Bùguǎn tiānqì hǎobuhǎo, wǒ dōu hé nǐ qù shāngdiàn mǎi yīfu.
不管 天气 好不好，我 都 和 你 去 商店 买 衣服。

　　　Wǒ bù néng qù shāngdiàn.
★ 我 不 能 去 商店。　　　　　　　　　　　(　　)

47. Māma bú ràng bàba zài chōuyān le, kěshì bàba bù tīng.
妈妈 不 让 爸爸 再 抽烟 了，可是 爸爸 不 听。

　　　Bàba chángcháng chōuyān.
★ 爸爸 常常 抽烟。　　　　　　　　　　　(　　)

48. Tā qù Zhōngguó, zài Běijīngdàxué xuéxíguo.
他 去 中国，在 北京大学 学习过。

　　　Tā zhèngzài Běijīngdàxué xuéxí.
★ 他 正在 北京大学 学习。　　　　　　　(　　)

49. 我 的 男朋友 工作 很 忙，有 的 时候 星期天 也 不 能 休息，
我 很 生气。

★ 我 不 喜欢 男朋友。　　　　　　　　　　（　　）

50. 我 是 一 个 医生，在 医院 里，医生 的 工作 很 累，
但是 我 很 喜欢。

★ 我 喜欢 医生 的 工作。　　　　　　　　　（　　）

第四部分

第51-55题

A　　Wǒ yào mǎi yí ge dàngāo.
　　我 要 买 一 个 蛋糕。

B　　Kuài qǐng jìnlái zuò, nǐ xiǎng hē shénme?
　　快 请 进来 坐，你 想 喝 什么？

C　　Xuéxiào de duìmiàn shì shāngdiàn, wǒ yào qù nàli mǎi shǒujī.
　　学校 的 对面 是 商店，我 要 去 那里 买 手机。

D　　Tāmen chángcháng zài yìqǐ.
　　他们 常常 在 一起。

E　　Tā zài nǎr ne? Nǐ kànjiàn tā le ma?
　　他 在 哪儿 呢？你 看见 他 了 吗？

F　　Māma měitiān hěn lèi.
　　妈妈 每天 很 累。

例如：　Tā hái zài jiàoshì li xuéxí.
　　　他 还 在 教室 里 学习。　　　　　　E

51.　Tiānqì hěn rè, wǒ xiǎng hē shuǐ.
　　天气 很 热，我 想 喝 水。

52.　Tā yǒu yí ge piàoliang de nǚpéngyou.
　　他 有 一 个 漂亮 的 女朋友。

53.　Wǒ yào zǎo yìdiǎnr huíjiā zuò fàn, děngzhe māma huíjiā.
　　我 要 早 一点儿 回家 做 饭，等着 妈妈 回家。

54.　Jīntiān shì tā de shēngrì.
　　今天 是 他 的 生日。

55.　Jīntiān shì xīngqīliù, mǎi dōngxi de rén hěn duō.
　　今天 是 星期六，买 东西 的 人 很 多。

第56-60题：

A 　Shǒujī li yǒu hěn duō péngyoumen de diànhuà hàomǎ.
　　手机 里 有 很 多 朋友们 的 电话 号码。

B 　Huānyíng nín lái dào wǒmen xuéxiào!
　　欢迎 您 来 到 我们 学校！

C 　Wǒ de zìxíngchē huài le.
　　我 的 自行车 坏 了。

D 　Shǒubiǎo tài guì le, wǒ bù néng mǎi.
　　手表 太 贵 了，我 不 能 买。

E 　Nǐ gěi wǒmen jièshào yíxià.
　　你 给 我们 介绍 一下。

56. 　Xuéxiào de pángbiān kěyǐ xiūlǐ.
　　学校 的 旁边 可以 修理。　　□

57. 　Wǒ qùnián gěi liúxuéshēng shàngguo kǒuyǔ kè hé tīnglì kè.
　　我 去年 给 留学生 上过 口语 课 和 听力 课。　　□

58. 　Zhè shì wǒ de péngyou, Xiǎo Lǐ. Tā shì cóng Zhōngguó lái de.
　　这 是 我 的 朋友，小 李。他 是 从 中国 来 的。　　□

59. 　Shǒujī bú jiàn le, zěnme bàn?
　　手机 不 见 了，怎么 办？　　□

60. 　Zhège shǒubiǎo shì wǒ gēge sòng gěi wǒ de.
　　这个 手表 是 我 哥哥 送 给 我 的。　　□

新HSK 모의고사 2级

- 답안·듣기 대본
- 답안지

HSK 모의고사 제1회 답안

一. 听力

1. √	2. √	3. √	4. ×	5. ×
6. √	7. ×	8. √	9. ×	10. √
11. E	12. A	13. B	14. F	15. C
16. D	17. A	18. E	19. C	20. B
21. C	22. B	23. B	24. A	25. A
26. C	27. B	28. C	29. B	30. A
31. A	32. B	33. B	34. B	35. C

二. 阅读

36. F	37. C	38. E	39. A	40. B
41. D	42. A	43. C	44. F	45. B
46. √	47. ×	48. √	49. √	50. ×
51. B	52. A	53. C	54. F	55. D
56. E	57. D	58. B	59. A	60. C

HSK 모의고사 제1회 듣기 대본

第一部分

一共 10 个 题，每题 听 两 次。

例如： 我们 家 有 三 个 人。

我 每天 坐 公共汽车 去 上班。

现在 开始 第 1 题：

1. 我 爸爸 在 医院 工作，他 是 医生。

2. 他 买了 一 个 手机。

3. 您 好，我 是 麦克，认识 您 很 高兴。

4. 我 住 在 首尔，那里 非常 漂亮。

5. 那里 的 天气 不 太 好，常常 下 雨。

6. 乒乓球 是 他 最 喜欢 的 运动。

7. 我 不会 做 饭，所以 常常 吃 方便面。

8. 我 在 北京 动物园 看 到 了 熊猫。

9. 他 正在 开会，请 等 一会儿。

10. 那个 戴 眼镜 的 女生 是 我 的 女朋友。

第二 部分

一共 10 个 题，每题 听 两次。

例如： 女：你 喜欢 什么 运动？
男：我 最 喜欢 踢 足球。

现在 开始 第 11 到 15 题：

11. 男：请问，去 银行 怎么 走？
女：从 这儿 向 北 走，过 马路 就是。

12. 男：您 想 喝 什么？
女：我 想 喝 一 杯 咖啡 吧。

13. 男：你家有几口人?
    女：我家有四口人，爸爸、妈妈、弟弟和我。

14. 男：电影票多少钱一张?
    女：50块。

15. 男：明天我妈妈过生日，送什么礼物好呢?
    女：给她买花吧。

现在开始第16到20题：

16. 女：不好了，我的钱包不见了。
    男：快告诉警察吧。

17. 男：对不起，昨天忘了给你打电话了，别生气!
    女：我一直等你电话，你知道吗?

18. 男：坐火车去北京，多慢啊!
    女：四个小时就到了，一点儿也不慢。

19. 男：这儿真漂亮，我给你照张相吧。
    女：等一会儿，大家一起照吧。

20. 男：Kàn, wǒ de kǎoshì chéngjì, zěnmeyàng?
    看，我的考试成绩，怎么样？
    女：Yā, yìbǎi fēn, tài bàng le!
    呀，100 分，太棒了！

Dì-sān bùfen
第三部分

Yígòng ge tí, měi tí tīng liǎng cì.
一共 10 个题，每题听两次。

例如：男：Xiǎo Wáng, zhèlǐ yǒu jǐ ge bēizi, nǎge shì nǐ de?
小王，这里有几个杯子，哪个是你的？
女：Zuǒbian nàge hóngsè de shì wǒ de.
左边那个红色的是我的。
问：Xiǎo Wáng de bēizi shì shénme yánsè de?
小王的杯子是什么颜色的？

Xiànzài kāishǐ dì tí:
现在开始第 21 题：

21. 男：Tīngshuō, nǐmen míngtiān qù Běijīng lǚyóu?
    听说，你们明天去北京旅游？
    女：Bú shì, shì hòutiān, jīntiān cái xīngqīwǔ.
    不是，是后天，今天才星期五。
    问：Nǚ de xīngqī jǐ qù lǚyóu?
    女的星期几去旅游？

22. 女：Yīshēng, wǒ zěnme le?
    医生，我怎么了？
    男：Nǐ gǎnmào le, huíjiā duō xiūxi.
    你感冒了，回家多休息。
    问：Tāmen zuì kěnéng zài nǎr?
    他们最可能在哪儿？

23. 男：小兰，那件事你是怎么知道的？
    女：昨天我去你家了，你妈妈说的。
    问：谁告诉小兰的？

24. 男：星期五晚上我家里有个晚会，你也来吧。
    女：我不能去，那时候去上海。
    问：女的为什么不能去？

25. 男：这个房间比那个房间小，我住这个吧。
    女：好吧，谢谢你。
    问：女的住哪个房间？

26. 女：张老师在办公室吗？
    男：他去上课了。
    问：张老师可能在哪儿？

27. 男：听说，汉语很难，真的吗？
    女：嗯，真的不太容易。
    问：女的认为汉语难吗？

28. 男：Nǐ de zuòyè xiě wán le ma?
    你 的 作业 写 完 了 吗？
    女：Jiù kuài xiě wán le, hái chà yìdiǎnr.
    就 快 写 完 了，还 差 一点儿。
    问：Nǚ de zuòyè xiě wán le ma?
    女 的 作业 写 完 了 吗？

29. 女：Yòu chī píngguǒ a? Suàn le, wǒ bù chī le!
    又 吃 苹果 啊？算 了，我 不 吃 了！
    男：Píngguǒ duì shēntǐ hěn hǎo, chī yìdiǎnr ba!
    苹果 对 身体 很 好，吃 一点儿 吧！
    问：Nǚ de xǐhuan chī píngguǒ ma?
    女 的 喜欢 吃 苹果 吗？

30. 男：Dōu bā diǎn le, Xiǎo Lǐ bú huì lái le.
    都 八 点 了，小 李 不 会 来 了。
    女：Zài děngdeng ba, tā shuō lái.
    再 等等 吧，他 说 来。
    问：Xiǎo Lǐ lái le ma?
    小 李 来 了 吗？

Dì-sì bùfen
第四 部分

Yígòng 5 ge tí, měi tí tīng liǎng cì.
一共 5 个 题，每 题 听 两 次。

Lìrú: 女：Qǐng zài zhèr xiě nín de míngzi.
例如： 请 在 这儿 写 您 的 名字。
男：Shì zhèr ma?
是 这儿 吗？
女：Bú shì, shì zhèr.
不 是，是 这儿。
男：Hǎo, xièxie.
好，谢谢。
问：Nán de yào xiě shénme?
男 的 要 写 什么？

Xiànzài kāishǐ dì　　tí:
现在 开始 第31题:

31. 　　　　Nǐ zěnme cái lái ya?
    女: 你 怎么 才 来 呀?
    　　　　Lùshang chē tài duō, kāichē bù róngyì.
    男: 路上 车 太 多, 开车 不 容易。
    　　　　Nǐ zěnme bú zuò dìtiě ya?
    女: 你 怎么 不 坐 地铁 呀?
    　　　　Wǒ jiā lí dìtiězhàn tài yuǎn le, bù fāngbiàn.
    男: 我 家 离 地铁站 太 远 了, 不 方便。

    　　　Nán de shì zěnme lái de?
    问: 男 的 是 怎么 来 的?

32. 　　　Tīngshuō, Xiǎo Liú mǎi xīn fángzi le.
    男: 听说, 小 刘 买 新 房子 了。
    　　　Shì ma? Huā le hěn duō qián ba?
    女: 是 吗? 花 了 很 多 钱 吧?
    　　　Hǎoxiàng bú tài duō, yígòng sānshí duō wàn.
    男: 好像 不 太 多, 一共 30 多 万。
    　　　Wǒ yě xiǎng mǎi fángzi, míngtiān qù tā de xīn jiā kànkan.
    女: 我 也 想 买 房子, 明天 去 他 的 新 家 看看。

    　　　Xiǎo Liú mǎi shénme le?
    问: 小 刘 买 什么 了?

33. 　　　Míngtiān jǐ diǎn chūfā?
    男: 明天 几 点 出发?
    　　　Qī diǎn bàn ba, nǐ zài wènwen Lǎo Wáng.
    女: 七 点 半 吧, 你 再 问问 老 王。
    　　　Wǒ de shǒujī diū le, dàjiā de diànhuà hàomǎ yě dōu diū le.
    男: 我 的 手机 丢 了, 大家 的 电话 号码 也 都 丢 了。
    　　　Wǒ zhīdào tā de diànhuà hàomǎ, háishi wǒ wèn tā ba.
    女: 我 知道 他 的 电话 号码, 还是 我 问 他 吧。

    　　　Shéi de shǒujī diū le?
    问: 谁 的 手机 丢 了?

34. 女：牛牛，别看电视了，快去写作业。
    男：让我再看五分钟，好吗？
    女：五分钟以后一定关电视，听见了吗？
    男：知道了，妈妈。
    问：妈妈让牛牛做什么？

35. 女：请问，这儿能修电脑吗？
    男：可以，你的电脑拿来了吗？
    女：我想请你们去我家里修，行吗？
    男：也行，写一下地址和电话号码。
    女：好的。
    问：女的要修什么？

听力考试现在结束。

HSK 모의고사 제2회 답안

一. 听力

1. ✗   2. √   3. ✗   4. √   5. ✗
6. √   7. √   8. √   9. ✗   10. √
11. E 12. A 13. B 14. C 15. F
16. D 17. C 18. B 19. A 20. E
21. B 22. C 23. A 24. B 25. A
26. C 27. C 28. A 29. A 30. B
31. A 32. B 33. A 34. C 35. B

二. 阅读

36. B 37. C 38. E 39. F 40. A
41. D 42. F 43. B 44. A 45. C
46. ✗ 47. √ 48. √ 49. ✗ 50. √
51. C 52. F 53. B 54. A 55. D
56. D 57. B 58. C 59. A 60. E

HSK 모의고사 제2회 듣기 대본

Dì-yī bùfen
第一 部分

Yígòng ge tí, měi tí tīng liǎng cì.
一共 10 个 题，每 题 听 两 次。

Lìrú: Wǒmen jiā yǒu sān ge rén.
例如： 我们 家 有 三 个 人。

　　　Wǒ měitiān zuò gōnggòngqìchē qù shàngbān.
　　　我 每天 坐 公共汽车 去 上班。

Xiànzài kāishǐ dì tí:
现在 开始 第 1 题：

　　　Wǒ péngyou mǎile yí jiàn lánsè de yīfu.
1. 我 朋友 买了 一 件 蓝色 的 衣服。

　　　Zuótiān tā chàng de gē zhēn hǎotīng.
2. 昨天 他 唱 的 歌 真 好听。

　　　Wǒmen de lǎoshī xìng Wáng, yòu niánqīng, yòu piàoliang.
3. 我们 的 老师 姓 王，又 年轻，又 漂亮。

　　　Jīntiān tā qù jīchǎng jiē māma le.
4. 今天 他 去 机场 接 妈妈 了。

　　　Zuótiān nǐ kàn diànshì le ma, nà chǎng bǐsài kě jīngcǎi le.
5. 昨天 你 看 电视 了 吗，那 场 比赛 可 精彩 了。

　　　Tā bǎ wǒ de zìxíngchē jiè zǒu le.
6. 他 把 我 的 自行车 借 走 了。

7. Wǒ kànjiàn tā de shíhou, tā zài huàhuà ne.
   我 看见 她 的 时候，她 在 画画 呢。

8. Tā kànle nǚ'ér de xìn, hěn gāoxìng.
   他 看了 女儿 的 信，很 高兴。

9. Zhège xīguā zhēn hǎochī.
   这个 西瓜 真 好吃。

10. Zhège fángjiān bú dà, dànshì hěn gānjìng.
    这个 房间 不 大，但是 很 干净。

Dì-èr bùfen
第二 部分

Yígòng ge tí, měi tí tīng liǎng cì.
一共 10 个 题，每 题 听 两 次。

Lìrú: Nǐ xǐhuan shénme yùndòng?
例如：女：你 喜欢 什么 运动？
      Wǒ zuì xǐhuan tī zúqiú.
      男：我 最 喜欢 踢 足球。

Xiànzài kāishǐ dì dào tí:
现在 开始 第 11 到 15 题：

11. Zhōngwǔ chīfàn de shíhou, zuò zài nǐ zuǒbian de nǚháir shì shéi?
    女：中午 吃饭 的 时候，坐 在 你 左边 的 女孩儿 是 谁？
    Nǐ bú rènshi tā ma? Míngtiān gěi nǐ jièshào jièshào.
    男：你 不 认识 她 吗？明天 给 你 介绍介绍。

12. Nǐ zěnme le?
    男：你 怎么 了？
    Wǒ gǎnmào le, tóu yǒudiǎnr téng.
    女：我 感冒 了，头 有点儿 疼。

13. 男：明天是老师的生日，我们去买蛋糕，怎么样？
    女：好啊。

14. 男：商店里的东西都太贵了。
    女：是啊，我们去市场吧，那里便宜一些。

15. 男：今天我们教室里突然跑进来一只猫。
    女：是白的吗？

现在开始第16到20题：

16. 女：你做的菜好吃是好吃，可是——
    男：我知道，看着不漂亮，是不是？

17. 男：妈，今天是星期日，你还出去呀？
    女：我去商店买水果。

18. 男：下完雨出来走走真好。
    女：对啊，空气太好了。

19. 男：Fēijī kuài dào le ba?
　　　　飞机 快 到 了 吧？
　　女：Nǎr a? Hái méi qǐfēi ne.
　　　　哪儿 啊？还 没 起飞 呢。

20. 男：Tīngshuō nǐ yào qù Měiguó, shénme shíhou zǒu a?
　　　　听说 你 要 去 美国，什么 时候 走 啊？
　　女：Xià ge xīngqī qù.
　　　　下 个 星期 去。

Dì-sān bùfen
第三 部分

Yígòng 　 ge tí, měi tí tīng liǎng cì.
一共 10 个 题，每 题 听 两 次。

Lìrú: 　　Xiǎo Wáng, zhèlǐ yǒu jǐ ge bēizi, nǎge shì nǐ de?
例如：男：小 王，这里 有 几 个 杯子，哪个 是 你 的？
　　　　Zuǒbian nàge hóngsè de shì wǒ de.
　　女：左边 那个 红色 的 是 我 的。
　　　　Xiǎo Wáng de bēizi shì shénme yánsè de?
　　问：小 王 的 杯子 是 什么 颜色 的？

Xiànzài kāishǐ dì 　 tí:
现在 开始 第 21 题：

21. 女：Dōu shuō zàijiàn le, nǐ zěnme hái bù zǒu a?
　　　　都 说 再见 了，你 怎么 还 不 走 啊？
　　男：Wǒ, wǒ xiǎng děng nǐ yìqǐ qù chīfàn.
　　　　我，我 想 等 你 一起 去 吃饭。
　　问：Nán de xiǎng hé nǚ de yìqǐ zuò shénme?
　　　　男 的 想 和 女 的 一起 做 什么？

22. 男：我 最近 眼睛 有点儿 疼，可能 是 这个 眼镜 有 问题。
    女：什么 眼镜 啊！我 看 是 多 看 电视 的 事儿。
    问：男 的 喜欢 做 什么？

23. 男：儿子 的 生日，你 给 他 买 什么 呀？
    女：我 想 给 他 买 手表。
    问：女 的 给 儿子 买 什么 礼物？

24. 男：你 吃过 这 种 水果 吗？
    女：我 去 中国 的 时候 吃过 一 次。
    问：女 的 吃过 这 种 水果 吗？

25. 男：怎么 一下子 就 热 起来 了。
    女：人们 都 说 我们 这儿 只 有 两 个 季节 — 冬天 和 夏天。
    问：男 的 觉得 天气 怎么样？

26. 女：这 种 药 一 天 吃 三 次，一 次 吃 4 片。
    男：知道 了，医生。
    问：女 的 是 做 什么 工作 的？

27. 男：你们公司都是中国人吗?
    女：也有韩国人和美国人。
    问：女的公司没有哪个国家的人?

28. 男：那个商店几点关门?
    女：可能五点,还有一个小时。
    问：现在几点?

29. 男：你丈夫会打篮球吗?
    女：他年轻的时候是篮球运动员呢。
    问：她丈夫篮球打得好不好?

30. 男：小华,你的手机是在哪儿买的?
    女：是一个朋友送给我的。
    问：手机谁送给小华的?

第四部分

一共 5 个题,每题听两次。

例如：女：请在这儿写您的名字。

男：Shì zhèr ma?
　　是 这儿 吗?

女：Bú shì, shì zhèr.
　　不 是，是 这儿。

男：Hǎo, xièxie.
　　好，谢谢。

问：Nán de yào xiě shénme?
　　男 的 要 写 什么?

Xiànzài kāishǐ dì 　 tí:
现在 开始 第 31 题:

31. 女：Nǐ qù nǎr?
　　　 你 去 哪儿?

　　男：Wǒ qù túshūguǎn.
　　　 我 去 图书馆。

　　女：Nǐ zuò shénme chē qù?
　　　 你 坐 什么 车 去?

　　男：Wǒ zuò gōnggòngqìchē qù.
　　　 我 坐 公共汽车 去。

　　问：Nán de zuò shénme chē qù?
　　　 男 的 坐 什么 车 去?

32. 男：Zuótiān wǒ kànjiàn nǐ le.
　　　 昨天 我 看见 你 了。

　　女：Shì ma? Zài nǎr a?
　　　 是 吗? 在 哪儿 啊?

　　男：Zài gōngyuán ménkǒu, nǐ zài mǎi piào ne.
　　　 在 公园 门口，你 在 买 票 呢。

　　女：Nà shì wǒ mèimei.
　　　 那 是 我 妹妹。

　　问：Nán de kànjiàn shéi le?
　　　 男 的 看见 谁 了?

33. 男：Ānnà, nǐ de qìchē jiè wǒ yòngyong, wǒ xiǎng qù chāoshì.
    安娜，你的汽车借我用用，我想去超市。
    女：Nǐ huì kāichē ma?
    你会开车吗？
    男：Huì, wǒ kāichē sān nián duō le.
    会，我开车三年多了。
    女：Zhè shì yàoshi, nà liàng hóngsè de jiùshì wǒ de.
    这是钥匙，那辆红色的就是我的。
    问：Ānnà de qìchē shì shénme yánsè de?
    安娜的汽车是什么颜色的？

34. 女：Nǐ sānshí suì le ba?
    你三十岁了吧？
    男：Bù, sānshísān suì.
    不，三十三岁。
    女：Kàn qǐlái xiàng èrshíwǔ、liù suì.
    看起来像二十五、六岁。
    男：Xièxie.
    谢谢。
    问：Nán de duōdà le?
    男的多大了？

35. 男：Mǎlì, nǐ zuótiān wèi shénme chídào le?
    玛丽，你昨天为什么迟到了？
    女：Duìbuqǐ, Lǐ lǎoshī, wǒ de biǎo huài le.
    对不起，李老师，我的表坏了。
    男：Nà jīntiān ne?
    那今天呢？
    女：Biǎo hái méi xiū hǎo.
    表还没修好。
    问：Mǎlì kěnéng chídào jǐ cì le?
    玛丽可能迟到几次了？

Tīnglì kǎoshì xiànzài jiéshù.
听力考试现在结束。

HSK 모의고사 제3회 답안

一. 听力

1. √	2. √	3. ×	4. ×	5. ×
6. √	7. √	8. √	9. ×	10. √
11. A	12. E	13. C	14. F	15. B
16. D	17. E	18. C	19. B	20. A
21. C	22. B	23. C	24. A	25. A
26. B	27. C	28. C	29. A	30. A
31. B	32. B	33. A	34. C	35. B

二. 阅读

36. F	37. B	38. C	39. A	40. E
41. F	42. C	43. A	44. D	45. B
46. √	47. ×	48. √	49. √	50. ×
51. D	52. C	53. F	54. A	55. B
56. B	57. D	58. E	59. A	60. C

新 HSK 모의고사 제3회 듣기 대본

Dì-yī bùfen
第一部分

Yígòng ge tí, měi tí tīng liǎng cì.
一共 10 个 题，每 题 听 两 次。

Lìrú: Wǒmen jiā yǒu sān ge rén.
例如： 我们 家 有 三 个 人。

　　　Wǒ měitiān zuò gōnggòngqìchē qù shàngbān.
　　　我 每天 坐 公共汽车 去 上班。

Xiànzài kāishǐ dì tí:
现在 开始 第 1 题：

　　Tā zuì ài chī Zhōngguó cài le.
1. 他 最 爱 吃 中国 菜 了。

　　Zhè zhāng zhuōzi fàng zài nàr hěn hǎokàn.
2. 这 张 桌子 放 在 那儿 很 好看。

　　Nǐ zǒngshì zhème màn, huǒchē mǎshàng jiù yào kāi le.
3. 你 总是 这么 慢，火车 马上 就 要 开 了。

　　Tā chuān yì shuāng hěn piàoliang de xié.
4. 她 穿 一 双 很 漂亮 的 鞋。

　　Bú yào gěi xiǎogǒu qiǎokèlì, tā huì zhòngdú de.
5. 不 要 给 小狗 巧克力，它 会 中毒 的。

　　Wǒ xiǎng shàngwǎng, kěshì wǎngbā li de rén tài duō le.
6. 我 想 上网，可是 网吧 里 的 人 太 多 了。

7. Shǒujī shì háizimen zuì xǐhuan de shēngrì lǐwù.
   手机 是 孩子们 最 喜欢 的 生日 礼物。

8. Zhè cì nǐ de zuòyè zuò de zuì hǎo.
   这 次 你 的 作业 做 得 最 好。

9. Wèi, nǐ hǎo, shì Běijīngdàxué ma?
   喂，你 好，是 北京大学 吗？

10. Zhǐyào nǐ lái, wǒ jiù gěi nǐ nà běn shū.
    只要 你 来，我 就 给 你 那 本 书。

Dì-èr bùfen
第二 部分

Yígòng ge tí, měi tí tīng liǎng cì.
一共 10 个 题，每 题 听 两 次。

Lìrú: 女：Nǐ xǐhuan shénme yùndòng?
例如：女：你 喜欢 什么 运动？
      男：Wǒ zuì xǐhuan tī zúqiú.
      男：我 最 喜欢 踢 足球。

Xiànzài kāishǐ dì dào tí:
现在 开始 第 11 到 15 题：

11. 男：Xiǎojiě, zhège diànshìjī duōshao qián?
    男：小姐，这个 电视机 多少 钱？
    女：Liǎngqiān yuán.
    女：两千 元。

12. 男：Yángyang, cídiǎn yòng wán le ma?
    男：阳阳，词典 用 完 了 吗？
    女：Yǐjīng gěi nǐ le, zài nǐ zhuōzi de yòubian.
    女：已经 给 你 了，在 你 桌子 的 右边。

13. 男：我家离火车站很近，不用坐出租车。
    女：那太好了。

14. 男：还有三天就过春节了。
    女：时间过得真快呀。

15. 男：上课的时候不可以说话。
    女：对不起，老师。

现在开始第16到20题：

16. 女：我希望爸爸送给我一个手表。
    男：我知道你的意思了。

17. 男：杯子里的牛奶是你喝的?
    女：不是我，是姐姐。

18. 男：快考试了，别出去玩了。
    女：学习太累了，所以我想出去散散步。

19. 女：你旁边的老人是谁?
    男：我奶奶，都70多岁了。

20. 女：Xiānsheng, zhèlǐ bù néng dǎ diànhuà.
　　　先生，这里 不 能 打 电话。
　　男：Duìbuqǐ, wǒ méi kànjiàn nàge páizi.
　　　对不起，我 没 看见 那个 牌子。

Dì-sān bùfen
第三 部分

Yígòng　ge tí, měi tí tīng liǎng cì.
一共 10 个 题，每 题 听 两 次。

例如：男：Xiǎo Wáng, zhèlǐ yǒu jǐ ge bēizi, nǎge shì nǐ de?
　　　　小 王，这里 有 几 个 杯子，哪个 是 你 的？
　　女：Zuǒbian nàge hóngsè de shì wǒ de.
　　　左边 那个 红色 的 是 我 的。
　　问：Xiǎo Wáng de bēizi shì shénme yánsè de?
　　　小 王 的 杯子 是 什么 颜色 的？

Xiànzài kāishǐ dì　tí:
现在 开始 第 21 题：

21. 男：Shì nǐ ya! Hǎo jiǔ bú jiàn le!
　　　是 你 呀！好 久 不 见 了！
　　女：Shì a, wǒ lái zhèlǐ lǚyóu.
　　　是 啊，我 来 这里 旅游。
　　问：Nǚ de lái zhèlǐ gàn shénme?
　　　女 的 来 这里 干 什么？

22. 男：Xiǎo Dōng shuō de Hànyǔ wǒ zěnme yìdiǎnr yě tīng bu dǒng?
　　　小 东 说 的 汉语 我 怎么 一点儿 也 听 不 懂？
　　女：Wǒ yě tīng bu dǒng.
　　　我 也 听 不 懂。
　　问：Shéi shuō de tīng bu dǒng?
　　　谁 说 的 听 不 懂？

23. 男：小姐，请问，现在几点?
    女：我没有手表。
    问：他们两个谁知道现在的时间?

24. 男：你看见王老师，这封信给他。
    女：我一个人去他们学校吗?
    问：男的要给王老师什么?

25. 男：你快点儿走啊，电影就要开始了。
    女：开始就开始吧，本来我就不喜欢看电影。
    问：他们要看什么?

26. 女：现在是上班时间，你不可以在电脑上聊天儿。
    男：那么，我看新闻可以吗?
    问：男的正在做什么?

27. 男：在这里坐一会儿吧。
    女：这里的空气不太好，我们换一个地方坐吧。
    问：女的认为这里怎么样?

28. 女：你的作业写完了吗？
    男：写完了，可是有一个问题我不明白。
    问：女的可能是做什么工作的？

29. 女：这件衣服真漂亮，在哪个商店买的？
    男：这是在机场买的。
    问：这件衣服在哪儿买的？

30. 男：桌子上那个白色的包是谁的？
    女：是我的。
    问：女的包是什么颜色的？

第四部分

一共 5 个题，每题听两次。

例如：女：请在这儿写您的名字。
    男：是这儿吗？
    女：不是，是这儿。
    男：好，谢谢。
    问：男的要写什么？

Xiànzài kāishǐ dì 31 tí:
现在 开始 第31题:

31. 女：Míngtiān nǐ hé wǒ yìqǐ qù shāngdiàn, wǒ yào mǎi yí jiàn yīfu.
明天 你 和 我 一起 去 商店，我 要 买 一 件 衣服。
男：Nǐ hái yào mǎi yīfu, nǐ de yīfu yǐjīng hěn duō le.
你 还 要 买 衣服，你 的 衣服 已经 很 多 了。
女：Zěnme? Nǐ bù xiǎng qù?
怎么? 你 不 想 去?
男：Qù, qù, wǒ nǎ néng bú qù?
去，去，我 哪 能 不 去?
问：Nán de shì shénme yìsi?
男 的 是 什么 意思?

32. 男：Píngguǒ duōshao qián yì jīn?
苹果 多少 钱 一 斤?
女：Guì de sān kuài qián yì jīn, piányi de yí kuài qián yì jīn.
贵 的 三 块 钱 一 斤，便宜 的 一 块 钱 一 斤。
男：Háishì mǎi piányi de ba.
还是 买 便宜 的 吧。
女：Guì de hěn hǎochī.
贵 的 很 好吃。
问：Nán de yào mǎi shénmeyàng de píngguǒ?
男 的 要 买 什么样 的 苹果?

33. 男：Xiǎo Zhāng, zhège zuòyè xīngqīsān yídìng yào gěi lǎoshī.
小 张，这个 作业 星期三 一定 要 给 老师。
女：Bù xíng. Jīntiān dōu xīngqīyī le, kěnéng zuò bù wán.
不 行。今天 都 星期一 了，可能 做 不 完。
男：Nà shénme shíhou zuò wán?
那 什么 时候 做 完?
女：Xīngqīwǔ kěyǐ zuò wán.
星期五 可以 做 完。
问：Zuòyè zuì kěnéng shénme shíhou zuò wán?
作业 最 可能 什么 时候 做 完?

34.
女：Tīngshuō zhège diànyǐng hěn hǎo, wǒmen yě qù kànkan ba.
　　听说 这个 电影 很 好，我们 也 去 看看 吧。
男：Wǒ hěn máng, nǐ hé mèimei yìqǐ qù ba.
　　我 很 忙，你 和 妹妹 一起 去 吧。
女：Zhēn de bù néng qù ma?
　　真 的 不 能 去 吗？
男：Duìbuqǐ.
　　对不起。
问：Nǚ de kěnéng hé shéi yìqǐ kàn diànyǐng?
　　女 的 可能 和 谁 一起 看 电影？

35.
男：Liàngliang, kuài bāng wǒ kànkan, zuótiān mǎi de cídiǎn zhǎobudào le.
　　亮亮，快 帮 我 看看，昨天 买 的 词典 找不到 了。
女：Nǐ fàng zài nǎr le?
　　你 放 在 哪儿 了？
男：Kěnéng zài shūbāo li.
　　可能 在 书包 里。
女：Wǒ bāng nǐ zhǎo.
　　我 帮 你 找。
问：Tāmen zhèngzài zhǎo shénme?
　　他们 正在 找 什么？

Tīnglì kǎoshì xiànzài jiéshù.
听力 考试 现在 结束。

新 HSK 모의고사 제4회 답안

一. 听力

1. ×   2. ×   3. √   4. ×   5. √
6. ×   7. √   8. ×   9. √   10. √
11. C   12. B   13. F   14. A   15. E
16. D   17. B   18. A   19. C   20. E
21. C   22. B   23. A   24. B   25. B
26. A   27. A   28. A   29. C   30. B
31. B   32. C   33. A   34. C   35. B

二. 阅读

36. C   37. B   38. A   39. F   40. E
41. C   42. A   43. F   44. D   45. B
46. ×   47. √   48. ×   49. ×   50. √
51. B   52. D   53. F   54. A   55. C
56. C   57. B   58. E   59. A   60. D

HSK 모의고사 제4회 듣기 대본

Dì-yī bùfen
第一部分

Yígòng ge tí, měi tí tīng liǎng cì.
一共 10 个 题，每 题 听 两 次。

Lìrú: Wǒmen jiā yǒu sān ge rén.
例如： 我们 家 有 三 个 人。

Wǒ měitiān zuò gōnggòngqìchē qù shàngbān.
我 每天 坐 公共汽车 去 上班。

Xiànzài kāishǐ dì tí:
现在 开始 第 1 题：

Zuótiān tā mǎile yí jiàn yīfu.
1. 昨天 他 买了 一 件 衣服。

Wǒ hěn cháng shíjiān méiyǒu hé māma jiànmiàn le.
2. 我 很 长 时间 没有 和 妈妈 见面 了。

Tā de zhuōzi shang yǒu hěn duō shū.
3. 他 的 桌子 上 有 很 多 书。

Háizimen zài tī zúqiú ne.
4. 孩子们 在 踢 足球 呢。

Nín hǎo, qǐng ràng wǒ kàn yíxià nín de piào.
5. 您 好，请 让 我 看 一下 您 的 票。

Tā àihào yùndòng, chángcháng pǎobù.
6. 他 爱好 运动， 常常 跑步。

7. 她还没起床，她生病了。
   Tā hái méi qǐchuáng, tā shēngbìng le.

8. 今天是星期天，学生们不上课。
   Jīntiān shì xīngqītiān, xuéshengmen bú shàngkè.

9. 现在快十二点了吧？
   Xiànzài kuài shí'èr diǎn le ba?

10. 每天早上和爸爸、妈妈一起看报纸。
    Měitiān zǎoshang hé bàba, māma yìqǐ kàn bàozhǐ.

第二部分
Dì-èr bùfen

一共 10 个题，每题听两次。
Yígòng ge tí, měi tí tīng liǎng cì.

例如：女：你喜欢什么运动？
Lìrú: Nǐ xǐhuan shénme yùndòng?
　　　男：我最喜欢踢足球。
　　　　 Wǒ zuì xǐhuan tī zúqiú.

现在开始第 11 到 15 题：
Xiànzài kāishǐ dì dào tí:

11. 男：您好，请问张老师在吗？
    Nín hǎo, qǐngwèn Zhāng lǎoshī zài ma?
    女：他生病了，没来上班。
    Tā shēngbìng le, méi lái shàngbān.

12. 男：你是从哪儿来的？
    Nǐ shì cóng nǎr lái de?
    女：我是从韩国来的。
    Wǒ shì cóng Hánguó lái de.

13.
   男：Nǐ zěnme zhème gāoxìng?
   你 怎么 这么 高兴？
   女：Wǒ bàba yào lái kàn wǒ.
   我 爸爸 要 来 看 我。

14.
   男：Nǐ zěnme bú qù?
   你 怎么 不 去？
   女：Wàibian xià yǔ le.
   外边 下 雨 了。

15.
   男：Píngguǒ duōshao qián yì jīn?
   苹果 多少 钱 一 斤？
   女：Sān kuài qián yì jīn.
   三 块 钱 一 斤。

Xiànzài kāishǐ dì 16 dào 20 tí:
现在 开始 第16到20题：

16.
   女：Zhīdào ma, wàimian xià xuě le, kě piàoliang le!
   知道 吗，外面 下 雪 了，可 漂亮 了！
   男：Shì ma? Wǒmen zài túshūguǎn kàn shū, méi kànjiàn.
   是 吗？我们 在 图书馆 看 书，没 看见。

17.
   男：Xiànzài xiàkè le, nǐ yào qù nǎr?
   现在 下课 了，你 要 去 哪儿？
   女：Wǒ yào qù huǒchēzhàn, mǎi huǒchē piào.
   我 要 去 火车站，买 火车 票。

18.
   女：Xiǎo Wáng, nǐ zài zuò shénme?
   小 王，你 在 做 什么？
   男：Wǒ zài xǐshǒu ne.
   我 在 洗手 呢。

19. 男：Jiàoshì li yǒu jǐ ge xuésheng?
    教室 里 有 几 个 学生?
    女：Jiàoshì li yǒu sì ge xuésheng.
    教室 里 有 四 个 学生。

20. 男：Nǐ xiǎng hē chá?
    你 想 喝 茶?
    女：Wǒ bù xiǎng hē chá, wǒ xiǎng hē shuǐ.
    我 不 想 喝 茶，我 想 喝 水。

Dì-sān bùfen
第三 部分

Yígòng ge tí, měi tí tīng liǎng cì.
一共 10 个 题，每 题 听 两 次。

例如：男：Xiǎo Wáng, zhèlǐ yǒu jǐ ge bēizi, nǎge shì nǐ de?
         小 王，这里 有 几 个 杯子，哪个 是 你 的?
     女：Zuǒbian nàge hóngsè de shì wǒ de.
         左边 那个 红色 的 是 我 的。
     问：Xiǎo Wáng de bēizi shì shénme yánsè de?
         小 王 的 杯子 是 什么 颜色 的?

Xiànzài kāishǐ dì tí:
现在 开始 第 21 题:

21. 男：Nǐmen zhèlǐ yǒu méiyǒu Hánguó cài?
    你们 这里 有 没有 韩国 菜?
    女：Yǒu, wǒmen hái yǒu Zhōngguó cài.
    有，我们 还 有 中国 菜。
    问：Tāmen zuì kěnéng zài nǎli?
    他们 最 可能 在 哪里?

22. 女：我们 去 北京 的 时候，坐 飞机 去 吗？
    男：坐 火车 去 就 行，两 个 小时 就 能 到。
    问：他们 怎么 去 北京？

23. 男：后天 有 足球 比赛，你 想 去 看 吗？
    女：很 多 女孩子 都 不 喜欢 看，可 我 不 是。
    问：女 的 喜欢 看 足球 比赛 吗？

24. 男：你 有 孩子 吗？
    女：我 还 没 结婚 呢，哪 会 有 孩子？
    问：女 的 是 什么 意思？

25. 男：这里 有 空 房间 吗？
    女：现在 旅游 的 人 很 多，已经 没有 空 房间 了。
    问：他们 最 可能 在 哪儿？

26. 女：后天 16 号，我 要 去 上海。
    男：你 不 是 说，今天 去 吗？
    问：男 的 认为 女 的 什么 时候 去 上海？

27. 男：Nǐ juéde chī píngguǒ hǎo háishì chī xīguā hǎo?
    你 觉得 吃 苹果 好 还是 吃 西瓜 好？
    女：Wǒ juéde chī píngguǒ bǐ chī xīguā hǎo.
    我 觉得 吃 苹果 比 吃 西瓜 好。
    问：Nǚ de shì shénme yìsi?
    女 的 是 什么 意思？

28. 男：Zhè shì gěi nǐ de shēngrì lǐwù, zhù nǐ shēngrì kuàilè!
    这 是 给 你 的 生日 礼物，祝 你 生日 快乐！
    女：Nǐ jīntiān cái xiǎng qǐlái, wǒ de shēngrì zuótiān dōu guò wán le.
    你 今天 才 想 起来，我 的 生日 昨天 都 过 完 了。
    问：Nǚ de nǎ tiān guò shēngrì?
    女 的 哪 天 过 生日？

29. 女：Jiā li yǒu niúnǎi ma?
    家 里 有 牛奶 吗？
    男：Kěnéng yǒu, yě kěnéng méiyǒu.
    可能 有，也 可能 没有。
    问：Nán de shì shénme yìsi?
    男 的 是 什么 意思？

30. 男：Wǒ xiǎng míngnián kǎo Shǒu'ěrdàxué.
    我 想 明年 考 首尔大学。
    女：Nǐ měitiān wánr, néng kǎoshàng ma?
    你 每天 玩儿，能 考上 吗？
    问：Nǚ de rènwéi nán de zěnmeyàng?
    女 的 认为 男 的 怎么样？

Dì-sì bùfen
第四 部分

Yígòng ge tí, měi tí tīng liǎng cì.
一共 5 个 题，每 题 听 两 次。

Lìrú: Qǐng zài zhèr xiě nín de míngzi.
例如：女：请 在 这儿 写 您 的 名字。

男：Shì zhèr ma?
　　是　这儿　吗?

女：Bú shì, shì zhèr.
　　不　是，是　这儿。

男：Hǎo, xièxie.
　　好，谢谢。

问：Nán de yào xiě shénme?
　　男　的　要　写　什么?

Xiànzài kāishǐ dì　　tí:
现在　开始　第 31 题:

31. 女：Nǐmen zhōngwǔ xiūxi duō cháng shíjiān?
　　你们　中午　休息　多　长　时间?

男：Dōngtiān yí ge bàn xiǎoshí, xiàtiān liǎng ge xiǎoshí.
　　冬天　一　个　半　小时，夏天　两　个　小时。

女：Zhōngwǔ huíjiā chīfàn ma?
　　中午　回家　吃饭　吗?

男：Xiūxi liǎng ge xiǎoshí de shíhou kěyǐ huíjiā.
　　休息　两　个　小时　的　时候　可以　回家。

问：Nán de shì shénme yìsi?
　　男　的　是　什么　意思?

32. 女：Wǒ de zìxíngchē huài le, nǐ kěyǐ bāng wǒ xiūyixiū ma?
　　我　的　自行车　坏　了，你　可以　帮　我　修一修　吗?

男：Wǒ bú huì.
　　我　不　会。

女：Nà zěnme bàn?
　　那　怎么　办?

男：Nǐ kěyǐ qù xuéxiào de ménkǒu, nàli kěyǐ xiū.
　　你　可以　去　学校　的　门口，那里　可以　修。

问：Nǚ de yào zuò shénme?
　　女　的　要　做　什么?

33. 男：你在做什么呢?
    女：我在写信。
    男：你为什么不用电脑?
    女：爸爸、妈妈不会用电脑。
    问：女的在做什么?

34. 女：明天你和我一起去商店买东西，可以吗?
    男：不行，我明天要去医院看奶奶。
    女：不去不行吗?
    男：不行。
    问：男的是什么意思?

35. 女：你干什么呢?
    男：我看电视呢。
    女：你的作业写完了吗?
    男：明天还有一天的时间呢。
    问：男的是什么意思?

听力考试现在结束。

HSK（二级）答题卡

汉语水平考试　HSK　答题卡

——— 请填写考生信息 ———

按照考试证件上的姓名填写：

姓名

如果有中文姓名，请填写：

中文姓名

考生序号 [0] [1] [2] [3] [4] [5] [6] [7] [8] [9]
[0] [1] [2] [3] [4] [5] [6] [7] [8] [9]
[0] [1] [2] [3] [4] [5] [6] [7] [8] [9]
[0] [1] [2] [3] [4] [5] [6] [7] [8] [9]
[0] [1] [2] [3] [4] [5] [6] [7] [8] [9]

——— 请填写考点信息 ———

考点代码 [0] [1] [2] [3] [4] [5] [6] [7] [8] [9]
[0] [1] [2] [3] [4] [5] [6] [7] [8] [9]
[0] [1] [2] [3] [4] [5] [6] [7] [8] [9]
[0] [1] [2] [3] [4] [5] [6] [7] [8] [9]
[0] [1] [2] [3] [4] [5] [6] [7] [8] [9]
[0] [1] [2] [3] [4] [5] [6] [7] [8] [9]
[0] [1] [2] [3] [4] [5] [6] [7] [8] [9]

国籍 [0] [1] [2] [3] [4] [5] [6] [7] [8] [9]
[0] [1] [2] [3] [4] [5] [6] [7] [8] [9]
[0] [1] [2] [3] [4] [5] [6] [7] [8] [9]

年龄 [0] [1] [2] [3] [4] [5] [6] [7] [8] [9]
[0] [1] [2] [3] [4] [5] [6] [7] [8] [9]

性别　　男 [1]　　女 [2]

注意　请用2B铅笔这样写：■

一、听力

1. [✓] [X]
2. [✓] [X]
3. [✓] [X]
4. [✓] [X]
5. [✓] [X]

6. [✓] [X]
7. [✓] [X]
8. [✓] [X]
9. [✓] [X]
10. [✓] [X]

11. [A] [B] [C] [D] [E] [F]
12. [A] [B] [C] [D] [E] [F]
13. [A] [B] [C] [D] [E] [F]
14. [A] [B] [C] [D] [E] [F]
15. [A] [B] [C] [D] [E] [F]

16. [A] [B] [C] [D] [E] [F]
17. [A] [B] [C] [D] [E] [F]
18. [A] [B] [C] [D] [E] [F]
19. [A] [B] [C] [D] [E] [F]
20. [A] [B] [C] [D] [E] [F]

21. [A] [B] [C]
22. [A] [B] [C]
23. [A] [B] [C]
24. [A] [B] [C]
25. [A] [B] [C]

26. [A] [B] [C]
27. [A] [B] [C]
28. [A] [B] [C]
29. [A] [B] [C]
30. [A] [B] [C]

31. [A] [B] [C]
32. [A] [B] [C]
33. [A] [B] [C]
34. [A] [B] [C]
35. [A] [B] [C]

二、阅读

36. [A] [B] [C] [D] [E] [F]
37. [A] [B] [C] [D] [E] [F]
38. [A] [B] [C] [D] [E] [F]
39. [A] [B] [C] [D] [E] [F]
40. [A] [B] [C] [D] [E] [F]

41. [A] [B] [C] [D] [E] [F]
42. [A] [B] [C] [D] [E] [F]
43. [A] [B] [C] [D] [E] [F]
44. [A] [B] [C] [D] [E] [F]
45. [A] [B] [C] [D] [E] [F]

46. [✓] [X]
47. [✓] [X]
48. [✓] [X]
49. [✓] [X]
50. [✓] [X]

51. [A] [B] [C] [D] [E] [F]
52. [A] [B] [C] [D] [E] [F]
53. [A] [B] [C] [D] [E] [F]
54. [A] [B] [C] [D] [E] [F]
55. [A] [B] [C] [D] [E] [F]

56. [A] [B] [C] [D] [E] [F]
57. [A] [B] [C] [D] [E] [F]
58. [A] [B] [C] [D] [E] [F]
59. [A] [B] [C] [D] [E] [F]
60. [A] [B] [C] [D] [E] [F]

HSK (二级) 答题卡

汉语水平考试 HSK 答题卡

——— 请填写考生信息 ———

按照考试证件上的姓名填写:

姓名

如果有中文姓名，请填写:

中文姓名

考生序号
[0] [1] [2] [3] [4] [5] [6] [7] [8] [9]
[0] [1] [2] [3] [4] [5] [6] [7] [8] [9]
[0] [1] [2] [3] [4] [5] [6] [7] [8] [9]
[0] [1] [2] [3] [4] [5] [6] [7] [8] [9]
[0] [1] [2] [3] [4] [5] [6] [7] [8] [9]

——— 请填写考点信息 ———

考点代码
[0] [1] [2] [3] [4] [5] [6] [7] [8] [9]
[0] [1] [2] [3] [4] [5] [6] [7] [8] [9]
[0] [1] [2] [3] [4] [5] [6] [7] [8] [9]
[0] [1] [2] [3] [4] [5] [6] [7] [8] [9]
[0] [1] [2] [3] [4] [5] [6] [7] [8] [9]
[0] [1] [2] [3] [4] [5] [6] [7] [8] [9]

国籍
[0] [1] [2] [3] [4] [5] [6] [7] [8] [9]
[0] [1] [2] [3] [4] [5] [6] [7] [8] [9]
[0] [1] [2] [3] [4] [5] [6] [7] [8] [9]

年龄
[0] [1] [2] [3] [4] [5] [6] [7] [8] [9]
[0] [1] [2] [3] [4] [5] [6] [7] [8] [9]

性别　　男 [1]　　女 [2]

注意　请用2B铅笔这样写: ■

一、听力

1. [✓] [X]
2. [✓] [X]
3. [✓] [X]
4. [✓] [X]
5. [✓] [X]

6. [✓] [X]
7. [✓] [X]
8. [✓] [X]
9. [✓] [X]
10. [✓] [X]

11. [A] [B] [C] [D] [E] [F]
12. [A] [B] [C] [D] [E] [F]
13. [A] [B] [C] [D] [E] [F]
14. [A] [B] [C] [D] [E] [F]
15. [A] [B] [C] [D] [E] [F]

16. [A] [B] [C] [D] [E] [F]
17. [A] [B] [C] [D] [E] [F]
18. [A] [B] [C] [D] [E] [F]
19. [A] [B] [C] [D] [E] [F]
20. [A] [B] [C] [D] [E] [F]

21. [A] [B] [C]
22. [A] [B] [C]
23. [A] [B] [C]
24. [A] [B] [C]
25. [A] [B] [C]

26. [A] [B] [C]
27. [A] [B] [C]
28. [A] [B] [C]
29. [A] [B] [C]
30. [A] [B] [C]

31. [A] [B] [C]
32. [A] [B] [C]
33. [A] [B] [C]
34. [A] [B] [C]
35. [A] [B] [C]

二、阅读

36. [A] [B] [C] [D] [E] [F]
37. [A] [B] [C] [D] [E] [F]
38. [A] [B] [C] [D] [E] [F]
39. [A] [B] [C] [D] [E] [F]
40. [A] [B] [C] [D] [E] [F]

41. [A] [B] [C] [D] [E] [F]
42. [A] [B] [C] [D] [E] [F]
43. [A] [B] [C] [D] [E] [F]
44. [A] [B] [C] [D] [E] [F]
45. [A] [B] [C] [D] [E] [F]

46. [✓] [X]
47. [✓] [X]
48. [✓] [X]
49. [✓] [X]
50. [✓] [X]

51. [A] [B] [C] [D] [E] [F]
52. [A] [B] [C] [D] [E] [F]
53. [A] [B] [C] [D] [E] [F]
54. [A] [B] [C] [D] [E] [F]
55. [A] [B] [C] [D] [E] [F]

56. [A] [B] [C] [D] [E] [F]
57. [A] [B] [C] [D] [E] [F]
58. [A] [B] [C] [D] [E] [F]
59. [A] [B] [C] [D] [E] [F]
60. [A] [B] [C] [D] [E] [F]

HSK (二级) 答题卡

汉语水平考试 HSK 答题卡

——— 请填写考生信息 ———

按照考试证件上的姓名填写:

姓名

如果有中文姓名,请填写:

中文姓名

考生序号: [0] [1] [2] [3] [4] [5] [6] [7] [8] [9]
[0] [1] [2] [3] [4] [5] [6] [7] [8] [9]
[0] [1] [2] [3] [4] [5] [6] [7] [8] [9]
[0] [1] [2] [3] [4] [5] [6] [7] [8] [9]
[0] [1] [2] [3] [4] [5] [6] [7] [8] [9]

——— 请填写考点信息 ———

考点代码: [0] [1] [2] [3] [4] [5] [6] [7] [8] [9]
[0] [1] [2] [3] [4] [5] [6] [7] [8] [9]
[0] [1] [2] [3] [4] [5] [6] [7] [8] [9]
[0] [1] [2] [3] [4] [5] [6] [7] [8] [9]
[0] [1] [2] [3] [4] [5] [6] [7] [8] [9]
[0] [1] [2] [3] [4] [5] [6] [7] [8] [9]
[0] [1] [2] [3] [4] [5] [6] [7] [8] [9]

国籍: [0] [1] [2] [3] [4] [5] [6] [7] [8] [9]
[0] [1] [2] [3] [4] [5] [6] [7] [8] [9]
[0] [1] [2] [3] [4] [5] [6] [7] [8] [9]

年龄: [0] [1] [2] [3] [4] [5] [6] [7] [8] [9]
[0] [1] [2] [3] [4] [5] [6] [7] [8] [9]

性别: 男 [1]   女 [2]

| 注意 | 请用2B铅笔这样写: ■ |

一、听力

1. [✓] [X]
2. [✓] [X]
3. [✓] [X]
4. [✓] [X]
5. [✓] [X]

6. [✓] [X]
7. [✓] [X]
8. [✓] [X]
9. [✓] [X]
10. [✓] [X]

11. [A] [B] [C] [D] [E] [F]
12. [A] [B] [C] [D] [E] [F]
13. [A] [B] [C] [D] [E] [F]
14. [A] [B] [C] [D] [E] [F]
15. [A] [B] [C] [D] [E] [F]

16. [A] [B] [C] [D] [E] [F]
17. [A] [B] [C] [D] [E] [F]
18. [A] [B] [C] [D] [E] [F]
19. [A] [B] [C] [D] [E] [F]
20. [A] [B] [C] [D] [E] [F]

21. [A] [B] [C]
22. [A] [B] [C]
23. [A] [B] [C]
24. [A] [B] [C]
25. [A] [B] [C]

26. [A] [B] [C]
27. [A] [B] [C]
28. [A] [B] [C]
29. [A] [B] [C]
30. [A] [B] [C]

31. [A] [B] [C]
32. [A] [B] [C]
33. [A] [B] [C]
34. [A] [B] [C]
35. [A] [B] [C]

二、阅读

36. [A] [B] [C] [D] [E] [F]
37. [A] [B] [C] [D] [E] [F]
38. [A] [B] [C] [D] [E] [F]
39. [A] [B] [C] [D] [E] [F]
40. [A] [B] [C] [D] [E] [F]

41. [A] [B] [C] [D] [E] [F]
42. [A] [B] [C] [D] [E] [F]
43. [A] [B] [C] [D] [E] [F]
44. [A] [B] [C] [D] [E] [F]
45. [A] [B] [C] [D] [E] [F]

46. [✓] [X]
47. [✓] [X]
48. [✓] [X]
49. [✓] [X]
50. [✓] [X]

51. [A] [B] [C] [D] [E] [F]
52. [A] [B] [C] [D] [E] [F]
53. [A] [B] [C] [D] [E] [F]
54. [A] [B] [C] [D] [E] [F]
55. [A] [B] [C] [D] [E] [F]

56. [A] [B] [C] [D] [E] [F]
57. [A] [B] [C] [D] [E] [F]
58. [A] [B] [C] [D] [E] [F]
59. [A] [B] [C] [D] [E] [F]
60. [A] [B] [C] [D] [E] [F]

HSK (二级) 答题卡

汉语水平考试 HSK 答题卡

——— 请填写考生信息 ———

按照考试证件上的姓名填写:

姓名

如果有中文姓名,请填写:

中文姓名

考生序号: [0] [1] [2] [3] [4] [5] [6] [7] [8] [9]
[0] [1] [2] [3] [4] [5] [6] [7] [8] [9]
[0] [1] [2] [3] [4] [5] [6] [7] [8] [9]
[0] [1] [2] [3] [4] [5] [6] [7] [8] [9]
[0] [1] [2] [3] [4] [5] [6] [7] [8] [9]

——— 请填写考点信息 ———

考点代码: [0] [1] [2] [3] [4] [5] [6] [7] [8] [9]
[0] [1] [2] [3] [4] [5] [6] [7] [8] [9]
[0] [1] [2] [3] [4] [5] [6] [7] [8] [9]
[0] [1] [2] [3] [4] [5] [6] [7] [8] [9]
[0] [1] [2] [3] [4] [5] [6] [7] [8] [9]
[0] [1] [2] [3] [4] [5] [6] [7] [8] [9]

国籍: [0] [1] [2] [3] [4] [5] [6] [7] [8] [9]
[0] [1] [2] [3] [4] [5] [6] [7] [8] [9]
[0] [1] [2] [3] [4] [5] [6] [7] [8] [9]

年龄: [0] [1] [2] [3] [4] [5] [6] [7] [8] [9]
[0] [1] [2] [3] [4] [5] [6] [7] [8] [9]

性别: 男 [1]　　女 [2]

注意　请用2B铅笔这样写: ■

一、听力

1. [✓] [X]
2. [✓] [X]
3. [✓] [X]
4. [✓] [X]
5. [✓] [X]

6. [✓] [X]
7. [✓] [X]
8. [✓] [X]
9. [✓] [X]
10. [✓] [X]

11. [A] [B] [C] [D] [E] [F]
12. [A] [B] [C] [D] [E] [F]
13. [A] [B] [C] [D] [E] [F]
14. [A] [B] [C] [D] [E] [F]
15. [A] [B] [C] [D] [E] [F]

16. [A] [B] [C] [D] [E] [F]
17. [A] [B] [C] [D] [E] [F]
18. [A] [B] [C] [D] [E] [F]
19. [A] [B] [C] [D] [E] [F]
20. [A] [B] [C] [D] [E] [F]

21. [A] [B] [C]
22. [A] [B] [C]
23. [A] [B] [C]
24. [A] [B] [C]
25. [A] [B] [C]

26. [A] [B] [C]
27. [A] [B] [C]
28. [A] [B] [C]
29. [A] [B] [C]
30. [A] [B] [C]

31. [A] [B] [C]
32. [A] [B] [C]
33. [A] [B] [C]
34. [A] [B] [C]
35. [A] [B] [C]

二、阅读

36. [A] [B] [C] [D] [E] [F]
37. [A] [B] [C] [D] [E] [F]
38. [A] [B] [C] [D] [E] [F]
39. [A] [B] [C] [D] [E] [F]
40. [A] [B] [C] [D] [E] [F]

41. [A] [B] [C] [D] [E] [F]
42. [A] [B] [C] [D] [E] [F]
43. [A] [B] [C] [D] [E] [F]
44. [A] [B] [C] [D] [E] [F]
45. [A] [B] [C] [D] [E] [F]

46. [✓] [X]
47. [✓] [X]
48. [✓] [X]
49. [✓] [X]
50. [✓] [X]

51. [A] [B] [C] [D] [E] [F]
52. [A] [B] [C] [D] [E] [F]
53. [A] [B] [C] [D] [E] [F]
54. [A] [B] [C] [D] [E] [F]
55. [A] [B] [C] [D] [E] [F]

56. [A] [B] [C] [D] [E] [F]
57. [A] [B] [C] [D] [E] [F]
58. [A] [B] [C] [D] [E] [F]
59. [A] [B] [C] [D] [E] [F]
60. [A] [B] [C] [D] [E] [F]